イラスト授業シリーズ

ひと目でわかる **HOW MANAGEMENT WORKS**

マネジメントのしくみとはたらき図鑑

イラスト授業シリーズ

ひと目でわかる
マネジメントのしくみとはたらき図鑑
HOW MANAGEMENT WORKS

野田稔［日本語版監修］　千葉喜久枝［訳］

創元社

Original Title: How Management Works
Copyright © 2020 Dorling Kindersley Limited
A Penguin Random House Company

Japanese translation rights arranged with
Dorling Kindersley Limited, London
Through Fortuna Co., Ltd. Tokyo.

For sale in Japanese territory only.

Printed and bound in China

For the curious
www.dk.com

〈イラスト授業シリーズ〉
ひと目でわかる　マネジメントのしくみとはたらき図鑑

2022年1月30日第1版第1刷　発行

日本語版監修者　野田稔
訳　者　　　　千葉喜久枝
発行者　　　　矢部敬一
発行所　　　　株式会社 創元社
　　　　　　　https://www.sogensha.co.jp/
　　　　　　　本社 〒541-0047 大阪市中央区淡路町4-3-6
　　　　　　　Tel.06-6231-9010　Fax.06-6233-3111
　　　　　　　東京支店 〒101-0051東京都千代田区神田神保町1-2田辺ビル
　　　　　　　Tel.03-6811-0662
　　　　　　　©2022 CHIBA Kikue
　　　　　　　ISBN978-4-422-10121-7 C0034

本書の感想をお寄せください
投稿フォームはこちらから ▶ ▶ ▶ ▶

CONTENTS

第 **1** 章

マネジメントの基礎

第 **2** 章

組織の管理

第5章
セルフマネジメント

【執筆者】

フィリッパ・アンダーソン

経営学の学位を持つビジネスライター。多国籍企業のコミュニケーション・コンサルタントも務める。ロード・ブラウン（BP の元 CEO）の回顧録『Beyond Business』に協力、DK 社の『The Business Book』や『How Business Works』にも寄稿している。

アレキサンダー・ブラック

経営コミュニケーションの学位取得後、来日し、日本経済新聞社と投資銀行 J.P. モルガンで記事を執筆。その後、アジア太平洋地域のグローバル・ダイレクトマーケティング専門会社に勤務。現在はロンドンを拠点に、ビジネスや文化史に関する執筆活動を行っている。

ピッパ・ボーン

ボーン・パフォーマンス取締役。組織や個人のコンサルタントをしている。クランフィールド大学客員研究員も務め、ビジネスパフォーマンス・センターの活動を支援。MBA とコーチングの資格を持ち、マネジャーとして長年の経験を持つ。

リチャード・リドウト

ワークプレイステクノロジーと経営改革のスペシャリスト。科学研究機関や商業施設、中央政府、教育機関など、民間企業や公的機関の上級管理職を歴任。

はじめに

　マネジメントは人間の本能的な特性である。たとえば、子どもたちは遊びの中でそれぞれ異なる役割を分担し、たいてい誰か一人がリーダーとなる。ビジネスを進める上で、マネジメントの概念が登場したのは、18世紀中頃から19世紀の前半にかけての産業革命だった。工場経営者が、より高い成果をあげるために、人的資源を最大限活用することが求められたからである。

　そして今日、人的資源の最大活用はいまだに重要ではあるが、マネジャーの役割は大きく変化している。ただ単にメンバーに指示を与えるのではなく、業務に積極的に巻き込み、権限を付与し、いかにベストを尽くしてもらうかに腐心する。結果としてマネジャーは、技術的な能力はもちろん、幅広いパーソナルスキルを求められるようになった。スタッフを評価する時は思いやりを示す一方で、予算を作成する時には厳しく臨まなくてはならない。さらに、営利企業として利益を出すのと同様に、企業価値の維持についても目を配る必要がある。今日のマネジャーには、忍耐力、順応性、スキルが求められる。成否を分ける需要の動向や競争相手の動きを注意深く観察しながら、プロジェクトを継続的に進行させる能力が欠かせない。将来計画を立てるのに用いる手法は、戦略的マネジメント（30-31頁参照）からデザイン思考（112-13頁参照）まで多種多様であるが、市場動向、消費者ニーズの把握、状況変化に応じて適応できる体制の整備に勝るものはない。

　本書では、変化し続けるマネジメントの世界で起きている複雑な現象を、明快に整理されたイラストや表を使って、一般企業や非営利組織、行政機関などさまざまな組織の例を用いながら、数々のマネジメント理論の起源を含めて、広範囲におよぶマネジメントの役割を掘り下げる旅を続ける。執筆者は、若い向上心に溢れる一般読者が、マネジメントとは何か、どのような仕組みで動くのかを理解できるように心がけた。加えて、現役のマネジャーには、絶えず動いているビジネスの世界における道案内と自らのマネジメントスタイルの改善にも役立つことを目指した。

　第1章ではマネジメントの様々な理論を解説し、第2章でそれらの理論が実際どのように適用されるかを解説する。第3章は人的資源管理（HRM）を取り上げる。第4章ではコミュニケーションを扱い、第5章ではセルフマネジメントに目を向ける。

　なお、日本語版においては、書名は邦訳のあるものは原則として邦題とし、ないものは原題を和訳した。出版年は原書刊行年である。人物の肩書については当時のものである。また、訳注は〔　〕で示した。

マネジメントの
基礎

マネジメントの進化

マネジメントの役割は、大量生産時代の到来とともに初めて現れた。そして今なお、テクノロジーや、従業員の期待、人口動態、国際政治の変化に合わせて進化し続けている。

発展途上の思想

18世紀、英国の経済学者アダム・スミスは、仕事の効率を最大限にするためには労働者を職務ごとに分ける必要があることに気づき、それを「分業」と表現した。19世紀に入り産業活動がより複雑さを増していくと、労働力の利用をできるだけ減らし、生産工程の標準化と合理化を進めることで効率を向上させる方向に関心は移った。

20世紀半ばには、多くの新たな研究分野がマネジメント理論に組み入れられた。心理学は従業員の働き方に、統計学は作業の効率化に応用された。仕事場や機械をより安全に使用し仕事

マネジメントの歴史年表

企業が競争と生き残りのために複雑さを増すとともに、経営管理の手法も絶え間なく進化を遂げている。初期のマネジメント理論は、労働によって生産力を向上させることに焦点を置いていたが、その後の理論は成功を決定づける幅広い要因に注目した。今では従業員の役割がますます重要になり、競争そのものの性質に関して新たな見解が出てきている。

マネジメントの時代区分

実行力の時代：1900年以前～1960年代
大量生産に焦点を合わせていた時代で、能率の向上と、生産の一貫性や予測可能性の確保に特色づけられる。

専門力の時代：1916年～2000年代
きわめて複雑な業務を管理するために心理学や自然科学分野の知識を応用したマネジメント理論が増加した。

共感力の時代：1990年代～今日
従業員の積極的な関与（エンゲージメント）と従業員がもたらす価値に加え、透明性の高い世界で顧客関係の重要性を強調する時代。

フレデリック・テイラーの科学的管理法（24-25頁参照）は労働者を機械とみなす。

1880年

アンリ・ファヨールのマネジメント理論（26-27頁参照）は従業員を管理が必要な人々と考えた。

1916年

1913年

フォードのライン生産方式が大量生産の誕生と生産管理の必要性を運命づけた。

1943年

エイブラハム・マズローの欲求階層説（142-43頁参照）は従業員が勤労意欲を高める要因を分析。

の能率を高めるために人間工学が利用された。

さらに、マネジメント理論は世界中に広がった。日本は、第二次世界大戦後に自国の産業を再建した際、新たなマネジメント思想の最先端となった。日本の大企業は、従業員を積極的に業務に関与させ、ある程度自由な権限を持たせることで、生産力を高めた。リーン生産方式（120-21頁参照）などの考えが広く取り入れられた。無駄の排除や従業員の関与も同様である。

従業員を積極的に関与させる

21世紀に入ると変化は加速し、新たなテクノロジーが次々と登場しては既存の市場を崩壊させている。マネジメントは命令と支配の方針に沿った手法よりも、従業員を積極的に関与させ、チームを形成し、ネットワークを作り出すスタイルが主流となっている。このことはチャンスとリスクの両方をマネジャーにもたらしており、チームをうまく率いるためには変化の速さについていくことが求められている。

「マネジメントとは人を通して**仕事を成し遂げる技術である**」

米国の社会思想家、メアリ・パーカー・フォレットの言葉とされる

日本の製造業が、品質の追及（40-41頁参照）と、無駄やコストの削減（120-21頁参照）のための管理モデルを発展させた。

1950年

ブルース・タックマンのFSNPモデル（146-47頁参照）が、チーム編成とマネジメントの力学を研究した。

1965年

7Sモデルは管理職をまとめあげて組織変革を監督するのに役立つツールとして開発された（96-97頁参照）。

1980年代

ジョン・コッターの変革モデル（94-95頁参照）は組織の変革に全従業員がかかわる重要性を明らかにした。

1996年

 実行力の時代：1900年以前〜1960年代

 専門力の時代：1916〜2000年代

 共感力の時代：1990年代〜今日

1960年代

ダグラス・マグレガーのXY理論（142-43頁参照）は従業員のやる気を引き出す際の刺激と統制の役割を説明。

1979年

マイケル・ポーターは、組織がいかに市場の需要を満たすかについて影響を与える競争要因を研究した。

1990年

ピーター・センゲの学習する組織モデル（78-79頁参照）は、組織が変化に適合するのにいかに学習が役立つかを説明。

2004年

ブルー・オーシャン戦略
W・チャン・キムとレネ・モボルニュが提唱したこの戦略（80-81頁参照）は、競合よりは新たな市場を発見・開拓する必要性を説く。

マネジメントの役割

20世紀後半以降、マネジメントを特徴づける役割や範囲はあいまいに
なってきているが、人を使って物事を成し遂げる、というマネジャー（管
理職）の基本的な役目は今なおきわめて重要である。

変化し続けるマネジメント

　テクノロジーや社会の変化により、現在では、かつてのような権威的マネジメントの役割はほぼ時代遅れとなっている。多くの組織で、従来の階層型の組織構造は、よりフラットな組織構造や、組織横断的なチーム、インフォーマル・ネットワークに取って代わっ

た。ギグ・エコノミー〔企業に雇用されるのではなく、ジョブ／プロジェクト単位で仕事を請け負う働き方で成り立つ経済〕の増大により、正社員、派遣社員、業務請負人がチームで一緒に働くこともある。チームには世代の異なる多様なメンバーがいる上、インターネットを介してバーチャルチームと

して機能しているかもしれない。職場もオフィスに限定されない。自宅や、近所のカフェ、電車の中が仕事場になりうるからだ。勤務時間は時計に支配されない——毎日24時間、いつでも「勤務」可能である。そしてテクノロジーの進歩により、もはや地理的制約はなくなりつつある。

ファヨールの5つの管理的職能

フランスの鉱業エンジニア、アンリ・ファヨールの『産業ならびに一般の管理』は、マネジメント理論に関する初期の重要な著作の一つとされる。1916年にフランスで発表され、1940年代に英訳された後に普及したこの著書で、ファヨールは5つの管理的職能について概略を示した。その内容は今でも当てはまる。もっとも、マネジャーに対する解釈は進化している（右の図を参照）。ファヨールの著作が影響をおよぼしたもう一つの分野は管理原則である（26-27頁参照）。

500万人
英国で管理職に
就いている人の数

ルーシー・ケラウェイ、ＢＢＣラジオ4
「オフィスライフの歴史」、2013年

1. 計画

目標と手順の設定は、かつてはマネジャーだけが関与する領域であったが、今やチームの全員がプランニングと、目的（ゴール）や行動方針の決定にきちんと関与する。

2. 組織

以前はマネジャーが仕事や任務を割り当て、従業員には発言権がほとんどなかった。今はチームに権限を与えており、組織は全員の力を合わせた成果である。

3. 命令

従業員を一致団結させて動かすトップダウン型の指示・任命をやめ、今ではリーダーの役割を積極的に引き受ける。

4. 調整

かつては、部下たちが確実に共有のゴールを目指して仕事をするようにした。今日では、ビジョンを作り出して夢中にさせ、手本を示すことで従業員を導くマネジャーの方が多い。

5. 統制

以前は達成目標を設定し、成績を評価することでチームを管理していたが、今は絶え間ないフィードバック、コーチング、表彰制度を活用することを好む。

統制かエンパワーメントか

　マネジャーの役割も変化してきている。マネジメントはもはや上意下達式ではなく、メンバーは最初からプランニングにかかわり、アイデアを出し、承認を与え、チームを作り上げる。マネジャーはもはや権威や命令、統制に頼ることはできない。むしろ、チームの結束と勢いを作り出して維持するために、部下に権限を与える（エンパワーメントする）必要がある。

　変化の激しいこの新しい世界で、いまだに昔ながらの手法で従業員を管理し続ける会社は取り残される可能性がある。融通の利かない組織構造は、イノベーションを阻害し、必要な時に会社が迅速に対応したり、別の道に進んだりするのを妨げる場合があるからだ。

「言葉よりも行動で示す方がはるかに大きな影響をおよぼす」

スティーヴン・コヴィー、米国の経営コンサルタント、2008年

多様化する役割

新たなテクノロジーや組織文化の新たなトレンドは、伝統的な役割が消えていっても、新しい役割が次々と生まれてくることを意味する。マネジャーは、企業世界の中核をなすだけでなく、今や非営利部門にとっても不可欠である。公共、民間、非営利の各部門で、アカウント・マネジャー、ダイバーシティ・マネジャー、インサイト・マネジャーなど、数多くのマネジメントの役割が存在する。

リーダーと管理者

従来は組織のリーダー（経営者）が目標を定め、その下の管理職はその目標が確実に達成されるよう管理監督していればよかった。しかし働き方が変化するにつれ、近頃の管理職はリーダーとしてのスキルも求められるようになった。

役割の兼務

ごく最近まで、組織内のリーダー（経営者）と管理者の区別は昔からの経営体制を反映していた。現在では、組織は最新のテクノロジーや通信手段、働き方に適応しなければならないため、リーダーと管理者の役割は進化してきている。従業員は今や組織の内部で創造力の源泉とみなされ、組織の成功にとって重要である。チーム全体の力を最大限発揮して業績を上げるため、管理者はリーダーとしてふるまわなければならない場合が多くなっている。

現代の組織経営のあり方が次々と変化していく中、研究者やコンサルタントたちはリーダーと管理者の違いを研究してきた。その多くは、リーダーシップとマネジメントのバランスは組織の規模や複雑さ、また業種によって異なると結論を下している。とはいえ、今日、敏腕の管理者でいるためには、自発的にリーダーとしての能力を身につけようとする意思が必要不可欠である。

異なる役割

組織は目標を達成するためにリーダーシップとマネジメントスキルの両方に頼る必要がある。リーダーシップは組織の将来への道筋を定めるビジョンを示す。またリーダーは好機や危機、変化に効果的に対応する。それに対しマネジメントは、特定のタスクをある水準まで達成するための日常の管理——予算編成や、ワークフローの計画、スタッフの管理など——をともなう。

「**リーダーシップ**とは、**自分**が**成し遂げ**たいことを、**メンバーが望んで**やりたくなるよう仕向ける**技術**である」

ドワイト・D・アイゼンハワー、第34代米国大統領、1954年

リーダーシップ

リーダー

❱ 全般的な方向性を決定する
❱ 部下が目標を達成できるようにする
❱ 効果を求める
❱ 変化を促す
❱ 決定を容易にする
❱ 部下を連携させる
❱ システムを作り上げ、ことあるごとに改良する

リーダーシップとマネジメントの変化

卓越した経営コンサルタントでありビジネススクール教授でもあるジョン・コッターは、マネジメントを組織を運営するプロセス、リーダーシップを従業員を鼓舞しやる気を起こさせる任務と表現する。管理者は組織が複雑さにうまく対処するのを助け、リーダーは組織が変化に対応するのを可能にする。組織が発展していくにつれ、マネジメントとリーダーシップの必要性も変化していく（右図参照）。コッターはこれを軍隊との比較で表した。平時において軍隊は、組織のあらゆるレベルにわたるすぐれた管理と、トップの効果的なリーダーシップで維持できる。しかし戦時においては、組織内のあらゆるレベルで有能なリーダーシップが必要となる。

	低 ← 複雑度 → 高	
高 ↑ 変化の程度	**激しい変化、低い複雑度** 部下を鼓舞する強いリーダーシップが必要だが、マネジメントはあまり必要ない	**激しい変化、高い複雑度** 高度なリーダーシップとマネジメントスキルが不可欠
低	**乏しい変化、低い複雑度** 限定的なリーダーシップとマネジメントスキルで対応可能	**乏しい変化、高い複雑度** 高度なマネジメントが必要とされるが、リーダーシップはあまり必要ない

マネジメント

マネジメント

- ❯ 詳細な計画を立てる
- ❯ 部下が仕事をするように仕向ける
- ❯ 効率の向上を目指す
- ❯ 変化に反応する
- ❯ 決定を下す
- ❯ 部下を効率よく仕事させる
- ❯ 経営資源が適切で利用可能であるようにする

✓ おさえておこう

❯ **有能なリーダー**は部下の失敗を許す覚悟ができている。失敗から学ぶことは成功につながるからだ。アマゾンCEOのジェフ・ベゾスは、株主に向けた書簡で「失敗の規模が大きくなっているのでなければ、目立った変化を起こすほど大きなものを生み出しているはずがない」と記した。

❯ **すぐれたマネジメント**とは、企業家のポール・ホーケンによれば、「だれもが……取り組みたくなるよう、問題を興味深く、解決策を建設的にする技術のことである」。

マネジメントスタイル

マネジャーがチームを率いる方法は、メンバーのニーズや能力、さらには状況によっても左右される。しかし、チームを最大限活用するには、マネジャーが特定のマネジメントスタイルを選ぶべき時もあることを研究は示している。

さまざまなアプローチ

　マネジャーは部下の管理法や状況への対処法を独自に発展させるが、部下により、また状況次第で、その方法も変わってくる。流行りのマネジメント理論や、働き方の変化によっても影響を受ける（下のコラムを参照）。現在のマネジメントスタイルが効果を発揮しない状況もありうる。そのため、戦術の変更に備えておくべきである。

　2000年、米国のコンサルティング企業ヘイ・マクバーは、全世界から無作為に抽出した約4,000人のマネジャーを調査し、6種類のマネジメントスタイルを確認した（右図参照）。『EQ——こころの知能指数』の著者ダニエル・ゴールマンは、その発見を論文「結果を出すリーダーシップ」にまとめて『ハーバード・ビジネスレビュー』誌上に発表し、大きな影響をおよぼした。その研究から、どんな手法であっても、本質的に正しいとも間違っているともいえないことが示された。それどころか、成功したマネジャーは、個々の状況に合わせて適切な手法に変更するのが巧みな人物であった。

関係重視型
関係重視型はストレスにさらされているスタッフのやる気（モチベーション）を引き出し、対立を解消させる際にもっとも利用される。マネジャーはチームの結束を促し、非公式の会議を開いて、メンバーが同じ見方を共有できるようにする。

変化する管理手法

1980年代まで、ほとんどのマネジャーは自分が管理する部下とは距離を置き、執務室のデスクに座ったままでいるのが普通だった。その後次第に、米国企業ヒューレット・パッカードが先駆けとなった「歩き回るマネジメント」（MBWA = management by walking around）と呼ばれる、執務室を離れて従業員と直接コミュニケーションする手法が奨励されるようになった。最近では、Eメールの利用で再び直接のコミュニケーションが減っているため、MBWAがあらためて注目を集めている。この手法では基本的に、人間関係を築く際に形式ばらない態度を取ることが重要とされる。たとえば、マネジャーが自分のデスクにチームメンバーを呼びつけるのではなく、別の階まで赴いて、メンバーのデスクで非公式の会議を行うなど。

命令型
この型は危機や急激な変化の時にもっともふさわしい。マネジャーは服従を要求し、明確な指示を与え、厳しい決断を下し、チームの中で業績の低いメンバーを鍛える。

「マネジメントとは、何よりも、**アート（感性）**と**サイエンス（科学）**と**クラフト（技術）**が交わる**営み**である」

ヘンリー・ミンツバーグ、カナダのマギル大学経営学教授、2013年

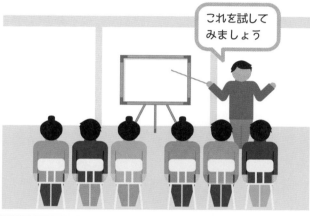

ビジョン型
この型は仕事の明確な方向性や新たな基準を設定するのに効果的である。マネジャーは明確で説得力のあるビジョンを設定し、チームに独自のやり方で働いたり、実験や革新を行ったりする自由を与える。

コーチ型
この手法は、勉強熱心な部下を管理する場合に理想的である。マネジャーはチームメンバーのスキルを高めて自信をつけさせることに集中し、興味のある仕事は任せ、学習の間に犯した間違いは大目に見るべきである。

参画型
参画型は経験豊富な従業員がそろっていて、安定した職場環境に一番合う。マネジャーは、行動に向けての合意形成の一環として、チームのメンバーから考えやアイデアを求めるべきである。

ペースセッター型
チームのメンバーが非常に優秀でやる気にあふれる場合はペースセッター型が理想的である。マネジャーは最初から高いレベルを設定し、活力やエンゲージメント、モチベーションを維持すべきである。

状況対応リーダーシップ

有名なマネジメントモデルの一つが、チームメンバーの能力やコミットメントのレベルに応じてマネジャーがリーダーシップのスタイルを変える状況対応リーダーシップである。

変化に適応できるマネジャー

状況対応リーダーシップは、もともと1960年代に行動科学者のポール・ハーシーと、同じく行動科学者で作家のケン・ブランチャードが共著『行動科学の展開』（1969年刊）の中で詳細に説いた、マネジャーとチームの関係に基づいたモデルである。マネジャーとチームの関係は、タスクや、チームのスキルとモチベーションのレベルに応じてさまざまな形態を取る。マネジャーがリーダーシップのスタイルをメンバーの仕事への適性に合わせられれば、チームは能力を最大限発揮して目標を達成することができる。

マネジャーは各メンバーのコンピテンシーとモチベーションのレベルを認識する必要がある。ハーシーとブ

レディネスに適合するスタイル

状況対応リーダーシップのモデル（SLⅡ）によれば、マネジメントのスタイルには4種類ある。どれも2つの側面——タスク志向ないし指示的行動と、人間関係志向ないし支援的行動——がある。「コーチ型」は、サポートよりは明確で力強い指示に基づく。それに対し、「指示型」と「支援型」は力量の異なるチームメンバーを支援する。最後の「委任型」は、マネジャーが距離を置き、チームメンバーに自由と責任を与える。

> 「**仕事をする能力**だけでなく、**"仕事への意欲"**という点においても、人はそれぞれ**異なる**」
>
> ポール・ハーシー、2008年

高

支援的行動の必要性

支援型

チームのメンバーに適切なスキルや知識、経験があっても、責任を負う準備ができていない場合、マネジャーはアイデアを提案し、決断を促す。

人間関係志向

委任型

チームのメンバーが有能かつ経験豊富で意欲も高い場合、マネジャーは進行具合を監視するが、メンバーが仕事をする自由を十分に与える。

低

低　　　　　　　　　　　　タスク志向

ランチャードは本人の「能力」と「意欲」により4つのパターンに分類した（SLI）。現在では、SLIをもとにブランチャードが単著『リーダーシップ論』で示したSLⅡが主に使われている（下図参照）。

　その根底にある信念は、唯一にして最善のリーダーシップスタイルなど存在しない、というものだ。たとえ同じメンバーでも、その時の状況に応じてアプローチを変えざるをえない場合があ

る。新プロジェクトの開始時、あるいは危機に瀕した時はより積極的なリーダーシップが必要だが、プロジェクトが進行し、メンバーが知識や経験を積んできたら、むしろ干渉しないほうがよい。成功するマネジャーとは、チームに合わせてスタイルを変えることができる人物である。

✓　**おさえておこう**

- **支援型**はきわめて民主的で、チームに多くの責任が与えられる。
- **指示型**はあまり民主的とはいえず、マネジャーがビジョンと指示を与える。
- **コーチ型**は専制的で、マネジャーは明確で権威的な指示を与える。
- **委任型**はあまり口出しせず、マネジャーはチームに任せて仕事をやり遂げさせる。

コーチ型

チームのメンバーがスキルも自信も不足している上、やる気もない場合、マネジャーは細かい指示を与え、仕事の進み具合をしっかり把握する。

手引き

評価

多くのマネジメント理論と同じように、状況対応リーダーシップも長所と短所が分析されている。

長所

- 理解しやすく簡単に応用できる
- マネジャーが状況に応じてリーダーシップのスタイルを変えられる
- 効果的なリーダーシップを考えるにあたって見過ごされがちな、個人とチームの成熟度／力量に焦点を当てる

短所

- 部下は常にリーダーに従うものと想定する
- どんな状況にも適用できるとは限らない——たとえば、時間が短く、仕事がきわめて複雑な場合など
- マネジャーがリーダーの役を務めるが、管理者としてふるまうことが多かったり、限られた権限しかない場合、うまくいかない可能性がある

指示型

チームのメンバーは——おそらくは経験不足で——能力を欠いているが、その仕事に高い意欲を示している場合、マネジャーは目の前の仕事を説明して支援できるようにする。

指示的行動の必要性　　　　　高

マネジメントとパワー

多くのマネジャーは部下に対してパワーを持つ。しかしパワーには、さまざまな種類がある。すぐれたマネジャーは、どれをはぐくみ、どれを避けるべきかわかっている。

職場でのパワー

今では間仕切りのないオフィスフロアやフリーアドレスによって、マネジャーの個室など、かつては地位を象徴していたものの多くが消え失せている。とはいえ、より巧妙な方法で権威を示すようになっている。

パワーは周囲の人々との関係から生じる。職場では大小さまざまなパワーが組織のヒエラルキーの中で正式に定められている。チームのメンバーに報奨を与えたり、統制したりする権限はこの種のパワーに含まれる。その他、専門的な知識や技能を持つ、仕事ぶりが非常に目立つ、あるいは適切な人物を育成する（派閥の形成）、といったことから生じるパワーもある。マネジャーのどんなパワーも一長一短がある。成功するマネジャーは、過度にパワーを行使せず、公平性を保ち、自制心を働かせることにより、チームのやる気を高め、正しく導く。

6つのパワーの源泉

効果的なパワーの行使は、パワーを持つ人物の能力や人柄、従業員との関係、従事している仕事、その人物が果たす経営上の役割についての正式な定義に左右される。社会心理学者のジョン・フレンチとバートラム・ラーベンはマネジャーが持つ5種類のパワーを明らかにしたが、のちにラーベンが『6つの権力基盤』（2012年）でもう1種類追加して6種類とした。

正当性によるパワー

このパワーは地位にともなって生じる。組織は任命したマネジャーに部下の行動を指図する権限を与える。正当性によるパワーを授けることができるのは組織で、変更や撤回もありうる。したがって任命された個人ではなく、地位に属する。

報酬によるパワー

他人から高く評価される報酬を思いのままにできる力からパワーが生じることがある。そうした報酬の価値が大きいと思われれば、それだけパワーも大きくなる。企業では、昇進や賃金の他、公に認められることや称賛もそうした報酬に含まれる。

罰によるパワー

報酬によるパワーの反対は懲罰を加えることができるパワー、罰によるパワーである。これには降格と減給の他、威張り散らすといった心理的圧力も含まれる。短期間であれば効果があるかもしれないが、威圧的な態度は反感を招きやすく、パフォーマンスに悪影響をおよぼすことが多い。

マネジメントの「神々」

『ディオニソス型経営』（1978年）の著者チャールズ・ハンディは、古代ギリシャの神々を使って、特定の役割と価値観に基づいた4種類のマネジメント文化（経営管理体質）を示した。それぞれに長所と短所がある。マネジャーは企業により、あるいは一つの企業の中でも部署により異なる、さまざまなマネジメント文化に遭遇するかもしれない。

ゼウス：社交クラブの文化
パワーは、正式な手続きよりは個人的なつき合いを通して統率力を発揮するトップの手に集中している（たとえば投資銀行や証券会社など）。

アポロ：役割の文化
パワーは階層的で、職務記述書によって明確に定められており、決定は官僚制組織の上位階層によりなされる（たとえば生命保険会社）。

アテネ：タスク志向の文化
パワーは、課題やプロジェクトを遂行するために必要とされる専門知識から派生する。決定は専門能力の高い者により下される（たとえば広告代理店）。

ディオニソス：存在の文化
組織は個々人が目標を達成するために存在し、専門家たちの承認によって決定が下される（たとえば大学）。

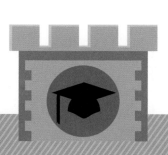   

専門性によるパワー
このパワーは専門技術に基づいており、役職ではなく個人に属す。有能で知識もあるマネジャーは部下から尊敬されるが、専門知識を備えた一般社員も尊敬と影響力を獲得できる。

信頼と尊敬によるパワー
マネジャーが自分のチームや同僚から得る信頼と尊敬から生じるパワー。部下たちはマネジャーのふるまいや行動を模範にするようになるかもしれない。このパワーを蓄えるには時間がかかることがあるので、それを確立するためにマネジャーは自分のチームの考え方や行動様式を理解する必要がある。

情報によるパワー
情報のコントロールからパワーが生じることもある。情報によるパワーは特定の状況と関連があるが、他のパワーはより一般的な関係に直接影響をおよぼす。このパワーの効力は一時的かもしれない。情報が他の人々にも共有されれば、パワーが消滅する可能性があるからだ。

科学的管理法

1900年代初頭、フレデリック・ウィンズロー・テイラーは、成長を続ける米国の製造業に科学的管理の思想を導入した。今日でも彼の思想は非常に多くのマネジメント理論に示唆を与えている。

賢く働く

最初は機械工としてキャリアをスタートしたフレデリック・ウィンズロー・テイラーは、フィラデルフィアの製鋼所で働いていた1880年代に自分の思想を発展させた。彼は従業員の時間あたりの作業量を調べ、これが生産性にどれだけ影響をおよぼすか評価した――のちに時間研究と呼ばれる手法である。テイラーは自分の発見を『科学的管理法』（1911年）にまとめた。彼の理論の基本的な前提は、仕事のやり方を最善の状態にする方が、無理に従業員を忙しく働かせるよりも効果があがるということである。

テイラーは標準を上まわった分に対して、大幅な割り増しを支払う差異出来高給制が、労働者のモチベーションにつながると考えた。

業務の分析

テイラーの主張は次のようなものである。マネジャーは（当時一般的であった、労働者が自分で独自に編み出した「経験則」と対照的に）製造工程を任務の内容ごとに細かく分け、それぞれの作業を行うのに一番よいやり方を探すべきである。そして労働者には、任務を効率よく行うのに必要な指示と訓練、道具ができるだけ与えられるべきである。最後に、賃金は設定された期間内に製造された製品の数に応じて、つまり現在「出来高払い」と呼ばれる方法で労働者に支払われるべきである。

マネジャーの責任と従業員の責任は分けられている。マネジャーは仕事ぶりと品質を監督し、従業員は最前線でサービスを提供する。

4つの原則

テイラーは研究から4つのマネジメント原則を編み出した。

> **検証**：任務を遂行するのに「一番よい方法」を確かめるため、それぞれの職務を科学的に検証する。
> **雇用**：各任務にもっとも適した労働者を雇い、最大限効率よく働けるよう訓練する。
> **監視**：各労働者の仕事ぶりを監視し、必要な時は指示を与える。
> **分業**：仕事を分けて、マネジャーは計画と訓練、労働者は任務の遂行を受け持つ。

事例研究：マクドナルド

マクドナルドは世界最大のファストフード・ブランドの一つで、世界全体で毎秒75個のハンバーガーを販売している。モスクワからマラケシュまで、マクドナルドの製品は見た目も味も均一である。各国の支社は、それぞれの製品の下ごしらえや調理、包装から、フロアのモップがけに至るまで、作業の各段階で同一の指示に従う。科学的管理法の成功例で、テイラーの4原則（左のコラム参照）の正しさを立証している。

そうすれば、労働者は一生懸命働くようになり、生産力を最大にするだろう。

1900 年代初頭、ヘンリー・フォードが科学的管理法の原理を自動車製造に応用した。フォードは、労働者ができる限り一番よい方法で一つのタスクを遂行するよう、また工場内を歩き回るのではなく、組み立てラインに立ち止まったまま —— 大量生産で一般的となった配置 —— でいられるよう、労働者を配置した。第二次世界大戦後、テイラーの考えは、「リーン生産方式」を無駄の削減と同様に重視した日本に影響をおよぼし、カイゼン理論が編み出された（120-21 頁参照）。

マクドナルドは、迅速かつ清潔で信頼できるサービスを保証する一貫したグローバルシステムに熟達している。スピードと品質を保証するため、原材料の分量や調理時間を自動で調整する機械を使うことで生産ラインは標準化されている。

従業員の採用と訓練は標準化されており、企業目標は公表される。同社はシカゴにハンバーガー大学まで所有する。

「成果報酬」哲学が長期のインセンティブをもたらす。月間売上で従業員を表彰するなど、各種表彰制度がスタッフのモチベーションを高めるのに役立つ。

「かつては人間が一番だった。今後はシステムが一番でなければならない」

フレデリック・ウィンズロー・テイラー、1911 年

経営の原理原則

1916年、フランスの鉱業エンジニアのアンリ・ファヨールが、基本的な真理とみなしたものに基づいて、経営の原理原則を著した。彼の著作はマネジャーに向けて発表された最初の手引きの一つとなり、今日でも依然として影響力がある。

マネジメント論の始まり

ファヨールが、この分野の草分けとなる『産業ならびに一般の管理』（1916年）を発表した時、その中には彼が提唱した14の原理が——5つの管理的職能とならんで（14-15頁参照）——含まれていたが、ヨーロッパと米国では急速な工業化の結果、専門的な経営管理技術が緊急に必要とされていた。ファヨールの著作はすぐにマネジャーの指南書となり、ますます複雑化する組織を管理するのに必要なスキルをもたらし、さらには現代のマネジメント論の基礎を形作った。組織と、組織の運営法は20世紀の間に大きく変化したが、今なお、ファヨールの唱えた原則の基本的な要素は当てはまる。仕事は効率よく行われ、規律は守られ、スタッフは報いられなければならない。しかしチームが最善の成果を出すためには、現代の仕事のやり方に則してファヨールの原則を用いる必要がある。

原則	原則の要約	過去の適用	現代風の応用
分業	専門的な任務をふさわしいスキルを持つ従業員に割り当てる。	従業員の役割は一つの特定のタスクを遂行するために専門特化した。	従業員の役割は多岐にわたる。
権限と責任	責任に見合った権限をマネジャーに与える。	マネジャーだけが組織の内部で権限を保持した。	従業員はエンパワーメント（権限付与）されるようになった。
規律	組織はマネジャーが従業員に付与する明確な規則／手続きを設定する必要がある。	組織は従業員を厳格に支配し続けた。	規則／手続きは前ほど厳格でなくなり、かわりに同僚からのプレッシャーによる統制が増している。
命令の一元化	従業員はただ一人のマネジャーから命令を受けるべきである。	従業員は常に一人のマネジャーだけに報告した。	チーム内に複数のマネジャーがいてもよい、マトリクス型の組織（54-55頁参照）では特に。
指揮の一元化	一つのチームが担うのは一つの目的のための一計画だけであるべきである。	それぞれの職務は、ただ一人のマネジャーが統括する一つの計画に従った。	チームの組織や任務はより複雑化し、複数の目標があることも多い。

原則	原則の要約	過去の適用	現代風の応用
個人の従属／全体利益の優先	組織の目的（ゴール）は個人的利害に優先しなければならない。	従業員は組織に身をささげた。	組織と従業員は互いに義務を負う。
従業員の報酬	労働の報酬は組織と従業員の双方に納得のいく額であるべきだ。	組織は合理的な報酬体系を採用した。	従業員にとって、金銭的な見返りに加えて、尊重され評価されていると感じることも報酬に含まれる。
集権化	組織は権威の集中と分散のバランスを取る必要がある。	組織は上位下達式の意思決定を採用し、従業員が一切関与できないようにした。	経営幹部は戦略／方針に関する決定を行い、従業員は特定のタスクに関する決定を行う。
階層組織	権限と意思伝達の系統は正式かつ垂直的でなければならない。	経営構造は、正式に承認された伝達経路を備えた厳密な階層制になった。	命令系統は硬直的な階層構造から形式ばらないフラット構造までさまざまである。
秩序	組織は安全な職場を用意し、適材適所に資源を供給しなくてはならない。	内部の情報網は作業工程や従業員を管理するために用いられた。	社内の情報システムは調整のために用いられる。
公正	マネジャーは従業員が業務に積極的に関与するよう、公平かつ敬意をもって扱うべきである。	思いやりと公正さを通じて組織は従業員のコミットメントを引き出した。	従業員のコミットメントはオーナーシップを共に持つ意識を通じて築かれる。
組織メンバーの安定性	組織はコストが高くつく離職を減らすため、教育と雇用の保証を与えるべきである。	組織は従業員が職にとどまり続けるように教育した。	組織は従業員がとどまることを選ぶよう、継続的に教育研修プログラムを提供する。
独創力	組織は新規の構想を立て実行に移すことができるマネジャーのみを雇うべきである。	マネジャーだけが新しいアイデアを提案し実行に移した。従業員は最初から除外されていた。	多くの職場が従業員も自由に発言してアイデアを出すよう奨励している。
従業員団結	マネジャーは従業員がモチベーションを保ち協力し合うようにしなければならない。	組織の内部で士気を高く保つことが重要となった。	まとまりは弱くなっている。高い士気は一人ひとりが全力を尽くせるよう支援することから生じる。

グローバルマネジメント

グローバルビジネスが拡大する中、世界各地で働くマネジャーは、国際市場と海外のさまざまな顧客を理解し、国により異なる規格や法律、文化、政治体制の複雑さを理解する必要がある。

つながる世界

　最新技術のおかげで会社組織は世界全体に広がり続け、従業員や顧客とのやり取りは時差のある地域にまたがっている。あらゆる階層のマネジャーが、株の購入から遠隔地にいる従業員の管理まで、海外業務の責任を負う可能性がある。規模の大きなグローバル企業の中には専門的なマネジャーを設けているところもある。たとえば、グローバルな能率や競争力を高めるためのビジネスマネジャー、地元市場のあらゆる局面に対処するカントリーマネジャー、技術の養成と専門知識の伝達を行う専門マネジャーなどで、全員を監督するのが調整役のグローバルマネジャーである。

　同じオフィスで働いているにせよそうでないにせよ、マネジャーは自分が管理する地域のビジネス環境を心得ている必要がある。遠く離れた場所から連絡を取る場合、現地のチームがつながりを感じられるようにしなければならない。電話やネットを利用したオンライン会議は参加者に都合のよい時間に開くべきである。またEメールでの連絡は明確にし、問題は適宜解決し、成果をあげたら必ずほめたたえなければならない。

文化とイデオロギー

ある国の文化や宗教を学ぶことは、現地のビジネス倫理や商慣習への理解につながり、事業を立ち上げたり、現地のチームに指示したりする際に役立つ。

言語

円滑なコミュニケーションが重要である。指示を伝えるために通訳を雇う必要もある。また専門の翻訳システムを利用すれば、重要書類を確実に理解してもらえる。

海外でのマネジメント

組織が事業を進めている国に固有の文化や、関連法、現地の慣習などを理解することで、管理は円滑になり、現地の規則や規制に抵触することなく、さらなる成功を確実にする。また現地の問題に慎重に対応することは新しい交渉を確かなものにする鍵となりうる。ここに挙げたのはマネジャーが心得ておくべきいくつかの指針である。

国際金融

マネジャーは、組織が橋渡しした国の間での金銭のやり取りが利益にどう影響するかを知る必要がある。通貨の移動を制限する通貨管理はもちろんのこと、絶えず変動する為替相場は懸念材料かもしれない。

「国際的に活躍するマネジャーは**異文化間で生じるジレンマを調整する**」

フォンス・トロンペナールス、比較文化論研究者、2000年

行政と規制基準

商慣行は国によって異なる。たとえばマネジャーは、現地の戦略が政府の承認を必要とするか知っておく必要がある。また製品やスタッフに関する現地の規制の順守を保証しなければならない。

政治体制と法制度

国により異なる政治体制と法制度に組織が配慮することで、現地政府の投資促進政策を利用したり、さまざまな税制や労働法にかかわる問題を避けることができる。

時差

時間帯の異なる地域にいる同僚やチームと連絡を取るために一貫したスケジュールを作るのは、事業を効率よく運営し続けるのに役立つ。ネットワークを介した会話や近況報告のため、双方に都合のよい時間に懇親の機会を設けることで、連帯意識が高まり信頼が深まる。

文化的感受性

バーチャルチームと、あるいは海外の顧客や財界首脳と良好な関係を保つ能力は、成功するマネジャーに不可欠である。誤解を避けるためには、文化による違いや他国の慣習について熟知しておく必要がある。ふとしたしぐさが海外の顧客に深い印象を与え、ライバルよりも優位に立つ可能性がある。

言語

現地の言葉を数フレーズ学ぶことは礼儀にかなっており、好意を示すことができる。滞在が長期におよぶ場合は流ちょうに話せる方がよい。英語を話す場合は誤解を避けるためにはっきりと発音する。

非言語コミュニケーション

人差し指と親指をくっつけるしぐさは米国では「OK」を意味するが、ブラジルでは卑猥な意味になる。人を指すのは多くの文化で無礼にあたる。うなずきは「肯定」ではなく「〔話を〕続けて」の意味かもしれない（172-73頁も参照）。

慣習

食事時間や食習慣——食べる時の音から食器の使用まで——は文化により異なる。韓国のウニからメキシコのバッタまで、現地の名物料理に困惑するかもしれない。

時間

時間に対する考え方も国により異なる。時間の管理に厳格な国もあれば、ルーズな国もある。人々がスケジュールを厳格に守らない国では、交渉がなかなかはかどらないかもしれない。

敬意

中国語の「面子」（メンツ、面目を失うこと）に相当する単語は英語に存在しない。人の威信にかかわることであり、中国のビジネスでは重要な意味を持つ。この考え方を理解しておくことは中国で仕事上の関係を築く上できわめて重要である。

戦略的マネジメント

戦略的マネジメントとは、長期的な目的を達成するために、マネジャーが全般
的な方向性を定め、目標を明確にし、資源を配分する継続的なプロセスである。

分析、計画、遂行

1960年代に入るまで、「戦略」は軍事や政治と関連した用語で、ビジネス用語ではなかった。戦略的マネジメントは、組織を現在の状態からもっと望ましい状態へ導いていくプロセスの必要性を認識したピーター・ドラッカーやブルース・ヘンダーソンなどの経営コンサルタントの研究を通して、一つの分野として成長した。そのプロセスは情報と分析、さらに外的要因（右頁上段のコラムを参照）に関する必要不可欠な知識とともに始まるが、それらはともに戦略の策定と実行に影響を与える。

組織のための戦略オプションに何があるのか確認した上で、マネジャーは会社の能力を見極めて初めて、長期的な目的（戦略）を選択できる。適切に配置された組織全体の従業員がかかわって、顧客、競合会社、市場に関する情報を集めることにより、戦略は実行に移される。

今日、戦略的マネジメントはエキサイティングな分野である──グローバリゼーションと最新テクノロジーがイノベーションを推進し、洞察力や適応力、先見の明がある人々の機会を広げている。

事例研究：コマツ（小松製作所）

1920年代に設立された日本の建設機器メーカーのコマツは、かつて巨額の赤字を抱えていたが、21世紀初頭に経営戦略の方法を変えた。重要なライバルである米キャタピラー社に注目し、世界的なリーダーシップという構想を広めることで、コマツのマネジャーたちは従業員たちの間に成功したいという欲求を持たせることができた。

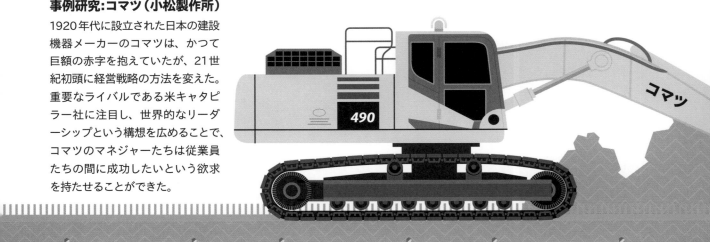

1 戦略的意図を作り出す

コマツは変革の必要性をはっきりさせると、状況を分析し、会社が目指すものを明らかにした。その夢──市場をリードすること──をかなえるため、コマツは強力なライバルであるキャタピラー社を「包囲する」、すなわち対決する必要があった。

2 戦略を立てる

次に長期的な目的をどのように達成していくか計画した。新規の顧客獲得や、経費の削減、競争力の向上はもちろん、市場の拡大でビジネスリスクを分散させる方法も示した。

3 戦略を実行に移す

コマツの命運を好転させる第三段階は長期の戦略を実行に移すことであった。組織の能力と指導力を強化し、「コマツ方式」──従業員が順守すべき価値観──を実行に移した。

経営環境

21世紀になると、戦略的マネジメントはこれまで以上に複雑化している。経営環境に影響をおよぼす外的要因が増加しているためだが、戦略的意思決定にも影響をおよぼす可能性がある。

外的要因には、急速に変化しているテクノロジー、環境問題、地政学的リスク要因、国ごとに異なる法律——たとえば、日本ではレジ袋の利用は有料だが、バングラデシュやケニアなど、プラスチック袋が完全に禁止されている国もある——が含まれる。

> **グローバルビジネス**は、破壊的テクノロジー（76-77頁参照）、製品主導型の需要から顧客主導型の需要への変化、オートメーションの増加、ネット通販による小売り方式、海外移転や仕事を外部委託できる能力により、再編されている。

> **持続可能性**は気候変動や大気汚染、プラスチック汚染に関する懸念から、戦略を考える上で考慮すべきリストの上位にある。世界の多くのメーカーが、再利用して資源の浪費を抑えるために包装を見直している。

> **世界規模でのビジネス展開**には、テロリズム、サプライチェーンの混乱、支配体制の違いといったリスクがつきまとうため、地政学的要素が検討されなければならない。

キャタピラー

330B

「**戦略の本質**は、何を**すべきでないか選択する**ことである」

マイケル・ポーター、米国の学者、1980年

4 戦略を評価する

戦略的マネジメントは継続的なプロセスである。したがってコマツのマネジャーたちは、「今日の成功は明日の成功を意味しない」という社訓に従って、会社が世界規模で展開する方式を評価・改善しながら、戦略の評価と変更を続けている。

リスクマネジメント

マネジメントとは意思決定そのものであり、すべての意思決定にはリスクがともなう。リスクマネジメントの計画を立て、リスクを明確にし、分析すれば、予想外の出来事にも対処しやすくなる。

リスクへの対処

リスクはあらゆる種類の事業や組織につきまとう。自然災害、事故から、法的責任、金融市場における不確実性、競争相手による妨害行為に至るまで、さまざまなリスクがある。

リスクマネジメントの計画を立てる際の第一段階はリスク評価（右のコラムを参照）である。まず、組織が把握しているすべてのリスクをリストアップする。その後、発生確率と組織への影響に基づいて、それぞれのリスクの重要度が定められる。重要度の高いリスクには優先的に対処計画が立てられる。リスクが発生する可能性は過去の実績に基づくだけではない。組織の環境がどれだけ変化したか、また今後変わっていくかも考慮する。リスク監視——定期的検査、絶え間ない更新、リスクマネジメントを組織文化に組み込むこと——が不可欠である。それによってマネジャーとチームが効果的にリスクに対処し、チャンスを見きわめられるようになる。

リスク分析の第二段階はリスク対処計画（下図参照）だが、そこでマネジャーとチームはそれぞれのリスクに対してどのような行動を取るか定める。

✓ おさえておこう

> **多くの組織で**、ふさわしい人物がリスク評価を行う必要がある。そのために必要な能力の頭文字をとってKATE——知識（Knowledge）、認識（Awareness）、研修（Training）、経験（Experience）——で表されることもある。

> **今あるリスク**と影響を受けた可能性のある人物を特定するため、スタッフの事故（あるいはニアミス）や病気の記録を調べる。

リスクの軽減

対処計画は、リスクを回避すべきか、最小限にすべきか、それとも受け入れるべきかを決断するのに役立つ。主な要素として、コンテクスト（リスク環境）、評価プロセス、組織が講じた対策のモニタリングの3つがある。このような計画を立てておくことで、リスクに対処するための資源の配分が可能になり、その問題にかかわりのある他のマネジャーたちに効果的に伝えられる。

リスク環境

1. 許容度
組織はどの程度のリスクを受け入れる準備をしているか？

2. リスク管理体制
組織の各レベルでリスクに対する責任が明確にされているか？

3. プロセス
新たなリスクや変化しているリスクを見極める手法は確立されているか？

リスクの大きさはどのくらいか？

リスクは、よく起こる軽微なものから、まれにしか起きなくても組織を崩壊させたり生命を脅かしたりするほど致命的な事件まで、重要度はさまざまである。リスクの評価は、リスクが起きる確率と組織におよぼす影響を調査することで、各問題に対する危険度の判定に用いられる。ダメージが一番大きく、発生する確率も非常に高いリスクがまずは優先されるべきである。各リスクが起きる確率とその影響をできるだけ低く抑えることが目的である。

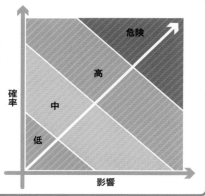

リスクの評価

4. フレームワーク
リスク分析はすべての潜在的なリスクを含めて行われているか？

5. 戦略
リスクが組織の戦略へおよぼす影響は何か？

6. 軽減
リスクを軽減するために適切なプロセスが確立されているか？

リスクのモニタリング

7. 指標
組織にとってのリスクの価値が測られるか？

8. 組織
リスクは組織全体に周知されているか？

9. 文化
継続的な方針として、すべての階層でリスクが報告されているか？

> 「**起こりそうにない**ことでもこの**先も絶対に起きない**という**ことはありえない**」

ドイツの数学者、エミール・ユリウス・グンベル、1958年

人的資源管理／人材マネジメント

組織は製品やサービスを提供するためには適切な人材が必要である。人事担当マネジャーは適材を適所に配置、訓練して、人材開発を促進するが、従業員が企業に求める期待が変化するにつれ、人事部の役割も変わってきている。

変化する役割

人事担当マネジャーは、従業員を採用、訓練、評価し、動機づける必要があるが、現代の職場では役割の果たし方が変わってきている（下記参照）。もちろん人事の役割には伝統的な要素も残っている。今なお人事担当マネジャーは、従業員のライフサイクルの各段階に――適切な人材を引き寄せて選抜することから退職まで――かかわっており、安全策、欠勤、健康などの問題も管理しなければならない。

しかし労働力モデルの変化は新たなチャレンジをもたらした。組織内に広がる変化に加え、雇用形態も変わってきており、フリーランスのワーカーがギグ・ワーク、すなわち1回仕事をこなすごとに給料が支払われる労働形態のギグ・エコノミーが拡大している。

柔軟でバーチャルな働き方の普及や、仕事と私生活の境界が不明瞭になっていることはチーム内のやりとりを変える。また、会社に対する期待も労働観も異なる複数の世代で構成される労働力は別の複雑な要素を加える。職場で増加する「ミレニアル世代」（1980年から2000年生まれ）の考え方や目標をマネジャー側も意識するようになっているが、この世代は2025年までに世界の労働人口の75％を占めるようになる。ミレニアル世代の特徴である、チームで働くことを好む、ワークライフバランスの重視、迅速なキャリア開発の要求といったことを配慮して、彼らの期待に応える必要がある。

人事部門の刷新

人事担当マネジャーの役割は、よりいっそうプロアクティブな〔先を読んで行動する〕役割へと変化してきている。今や、戦略的に思考し、既存社員を育成しながら、新しい人員の採用・配置のニーズを何年も前から見越すことが求められている。

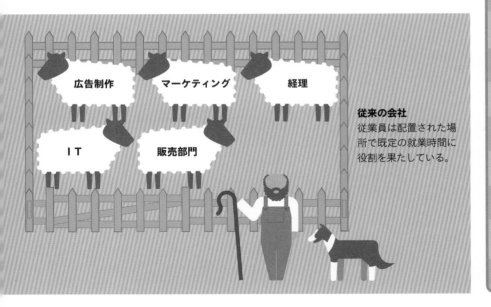

従来の会社
従業員は配置された場所で既定の就業時間に役割を果たしている。

過去

人事担当マネジャーは従来あまり変化のない地味な役割を受け持っていた。

従業員の雇用と解雇を担当していた

組織の「お目付け役」であった

従業員の給与の支払いと福利厚生業務を処理していた

現状を維持していた

専門性は高くなった

組織の戦略に従っていた

従業員の投入に集中していた

規定されたフルタイムの従業員と働いていた

組織の活動からは切り離されていた

従業員に対する価値提供（EVP）

人事担当マネジャーは会社に合う従業員を雇う必要がある。EVPは、会社側が雇用主として差別化するために従業員に提供するベネフィットである。諸手当や報酬は、キャリアパスや柔軟性といった価値よりも優先順位が低く、優秀な人材を引きつけるのに十分ではない。一番上位にある価値は誇りと目的である。

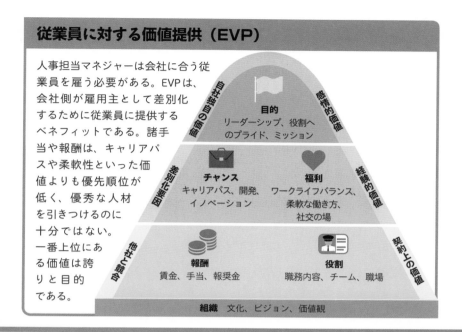

目的
リーダーシップ、役割へのプライド、ミッション

チャンス
キャリアパス、開発、イノベーション

福利
ワークライフバランス、柔軟な働き方、社交の場

報酬
賃金、手当、報奨金

役割
職務内容、チーム、職場

組織 文化、ビジョン、価値観

会社独自の価値・感情的価値・差別化要因・経験的価値・吟味と権利・契約上の価値

「**生計を立てる**だけではもはや**十分**ではない。
仕事も**人生に欠かせない**ものでなくてはならない」

ピーター・ドラッカー、経営学者／経営コンサルタント、2012年

現在

従業員の育成に積極的にかかわるよう求められている。

従業員を積極的に業務に関与させ権限を与える

組織のリーダーでメンターと考えられている

従業員のエンゲージメントと経験を促進する

絶えず現状に異議を唱える

高度な専門技術を身につけており、ビッグデータやデータ解析技術を活用する

組織の戦略を形作る

従業員に結果を出させる

絶えず変化する従業員の潜在能力を開発する

組織の活動に不可欠で、従業員と密接に連絡を保ち要望を把握する

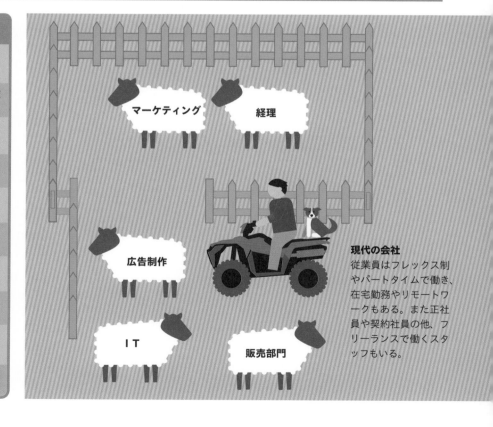

マーケティング

経理

広告制作

IT

販売部門

現代の会社
従業員はフレックス制やパートタイムで働き、在宅勤務やリモートワークもある。また正社員や契約社員の他、フリーランスで働くスタッフもいる。

⚖ 財務管理

ファイナンスは会社の生命線である。製品やサービスがどれだけよくても、
安定した財務基盤に基づいていなければ、会社が成長することはない。

経営を成り立たせる

　すべてのマネジャーは財務管理について知っておく必要がある。マネジャーが下す決定のほとんどが会社の財政状況になんらかの影響をおよぼすからだ。財務管理には、記録の保持と報告、予算計画、財務管理の実施、意思決定プロセスにおける財務的配慮の徹底などが含まれる。

　会社の財務管理で最大の関心事は、どのようにして組織に資金が入ってくるか（販売活動によってか、資金調達、あるいは融資などの調達資金によってか）、そして、どのように資金が出ていくか（原料、賃金、商品の流通、投資にかかる経費）という点にある。小さな会社では経理担当マネジャーがこのプロセスをチェックするが、比較的大きな組織では財務部門がその仕事をこなす。会社の規模にかかわらず、財務担当スタッフは全体的な見通しを注視し、決定がおよぼす短期的・長期的影響を理解する必要がある。日々の支出の管理も非常に重要である。キャッシュフローは健全な財務体質の重要な指標で、財務スタッフは常に監視する必要がある。賃貸料や賃金などの必要経費を支払うのに十分な資金の不足が、事業が破綻する主な理由である。

新たな投機的事業への融資

ハンナは家具を扱う小さな会社の財務担当マネジャーで、現在、リサイクル材から椅子を作るプロジェクトを検討しているところだ。環境にやさしい製品に対する需要があって、工場の中にはスペースもある。ここに挙げたのは、その新規開発事業が確実に利益を上げるようにするために彼女が行った意思決定である。

✓ おさえておこう

> **資産**とは、組織が所有する財務価値のすべてである。

> **債務**とは、借金や貸付金など、返済義務があるものすべてである。

> **貸借対照表（バランスシート）**は、ある時点の全資産と負債を記載した、組織のスナップショットである。

> **損益計算書**は、売上と経費の明細を記した財務報告書で、売上総利益と純利益を算出するために使われる。

> **損益分岐点**とは、総収益と総費用とが等しく、利益も損失も生じない点である。

> **ボトムライン**とは、損益決算書の最終項目で、売上高から経費や税金などを差し引いた純利益のこと。

1

発案

リサイクル材から環境にやさしい椅子を製造する。

5

財務統制

リスクマネジメント（32-33頁参照）と損益計算書を使って、事業の収益性を短期と長期の両方の点から評価する。

2

必要な資本

ハンナは、生産を始めるのにどれだけの資金が必要になるか計算した。ここに工場のスペースを間接費か経費として含めなければならない。

3

クラウドファンディング

資金の調達方法としてハンナはインターネットを介したクラウドファンディングを選んだ。新規開発事業を別会社とし、公共投資と引き換えに株を提供する。

4

チームで
予算案の承認

ハンナはプロジェクトチームとともに、予想される売上からの収益を含め、初年度に見込まれる予算の明細表を作成した。

6

資金の管理

プロジェクトが立ち上がり軌道に乗るとすぐに、ハンナは材料費と給与を含めた経費を支払うために手持ちの資金から金を引き出す。

7

税金の支払い

椅子が売れ始めると、彼女は売上や利益にかかる税金（消費税など）を計算する。

8

利益の配分

事業が利益をあげ続けているため、投資家に対して正当な配当を算定し、残りの収益を生産に再投資する。

業務管理
（オペレーションマネジメント）

会社内の業務の管理には、会社が製品を作ったりサービスを提供したりするのに使うシステムの設計、組織化、改良が含まれる。ほとんどの大企業において、これらの業務は専門職として扱われている。

なによりも重要な役割

業務管理責任者（オペレーションマネジャー）は、さまざまな部門（セクター）と産業の至るところで働く。彼らは、利益を最大限にするために資金をもっとも有効な方法で活用しながら、できるだけ効率よく原料と労働を商品やサービスに変えることに集中する。生産、製造、あるいはサービス提供（製品が物質的な財でない場合）のいずれの業種であっても、業務管理責任者が、組織の中核となる機能を管理する。その責務には組織の活動全体にわたるさまざまな日常の戦略的マネジメントが含まれる。

パイを製造する工場（下記参照）などの製造業にかかわる業務管理責任者であれば、原材料の投入を取り仕切り、製品の産出まで生産のすべての段階を監督することになる。一方、サービス業の業務管理責任者であれば、さまざまな作業を監督する。たとえば、航空会社の場合は、物流や機体整備にかかわるシステムを監督する。

どの産業でも、徹底的な業務管理が会社の成功に欠かせない。そして特にサービス部門では、人工知能（AI）やオートメーションにより一変すると予想される分野の一つである。

作業工程の管理

サリーはベジタリアン向けのパイを製造している工場の業務管理責任者だ。彼女の役割には労働力や原材料の使用の調整も含まれる。パイの製造と品質管理、原材料を厳密に記したラベルの貼付、販売のための発送を確実にこなすことが彼女の任務である。

投入（インプット）
サリーは業務管理責任者として、材料や道具、人員を準備し、効果的に活用できるよう監督する。

処理（プロセス）
作業工程をチェックし、システムを改良し、品質を維持することで、サリーは組織のさらなる発展に貢献する。

製造業かサービス業か？

業務管理責任者にとって、有形の製品が生産される製造業と、製品ではなくサービスを提供する企業との違いは、現在それほど明確ではない。今では多くの製造業が製品とともにサービスを提供しており、逆もまた同じである。新たなテクノロジーの登場により、製造業とサービス業の境界はますますあいまいになっている。たとえば、アマゾンはサービス提供会社だが、自社ブランド品の製造、宣伝、販売も行っている。

製造業	サービス提供事業
有形製品	無形製品
在庫目録	在庫なし
顧客と接する機会が少ない	顧客と頻繁に接する
対応に要する時間が長い	即座の対応
資本集約型	労働集約型

✓ おさえておこう

> **最初から適切な方法**とは、業務管理の段階でミスを防ぐことは、問題を検知してから対処するより費用もかからず有益であるという考えである。

> **有効生産能力**とは、遅延や資材管理、品質の問題といったさまざまな制約により、期間内にできる最大の仕事量である。

産出（アウトプット）
サリーは時間とコストの目標を達成するため、上司の指示に従う責任も負う。

SALLY'S PIES

品質管理

マネジャーには、自分のチームの仕事の質が、要求された水準に達していることを保証する責任がある。このことは、製品を作る仕事でも、サービスを提供する仕事でもかわらない。

期待にこたえる

　一般的に値段が高ければ、それだけ期待される品質も高くなる。たとえば自動車を購入する客は、ロールス・ロイスに対し、英国製小型乗用車のミニとは異なる品質を期待するだろう。ビジネスにおいて、成功する品質管理のカギとは、製品やサービスの品質が顧客の期待にこたえるか、期待以上であ

ることを保証することである。組織は、基準を設定し、その基準がプロセスの全段階で満たされていることを確認することで品質管理を行っている。たとえば製造業の場合は、原材料が工場に届いた時と、生産時と、完成した製品が顧客に発送される前である。

品質がすべて

　従来、品質は定期的な検査を通じて管理されていた。検査時に不良品や粗末なサービスが発見されると、取り除かれるか正されていた ── 顧客がその問題に気づく前に修正されるのが好

顧客の満足

総合的品質管理は、顧客を第一に考え、品質を顧客の期待にこたえるか超えるものと定義する。組織のあらゆる部署の人間が、これらの品質基準が満たされていることを確認する責任を負う。

品質基準は提供中の製品やサービスに対する顧客満足度によって決められる。

規定の品質基準を満たすことは組織全体にわたる継続的なプロセスである。

品質改善は顧客の意見を含めたデータや分析によって推し進められる。

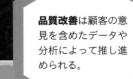

ましかった。

　今日、品質管理は、組織内で起こるすべてのことの中心にある。組織のあらゆるプロセスと活動は望ましい品質レベルを維持するために監視されており、その目的は顧客の期待を超えることにある。この哲学——長期にわたる事業の成功は顧客の満足度にかかっている——は総合的品質管理（TQM）と呼ばれ、1950年代に高度成長期を迎えた日本で生まれた。すべての従業員が、製品やサービス、生産工程、さらには組織そのものの文化の向上にコミットする。

ゼロ・ディフェクツ

フィリップ・クロスビーは1950年代に米国のミサイル製造会社で品質管理技術者として働いていた時、「ゼロ・ディフェクツ（欠陥ゼロ運動）」を考えついた。ベストセラーとなった『クオリティ・マネジメント』（1979年）では、品質とはよしあしではなく、常に規定の条件を満たすことであると説いた。マネジャーには品質基準を設定し、その基準が満たされていることを保証する責任がある。従業員のミスよりも組織的な不具合から品質が低下する可能性が高いと示した。問題が起きてから解決しようとするのではなく未然に防ぐべきである。

✓ おさえておこう

› **クロスビーの試算**によれば、組織が初めから問題の発生を予防するのではなく、問題が発生してから対処した場合、収益の20〜35％もの費用がかかる可能性がある。
› **明確な条件を設定する際**に、マネジャーは、仕事を前もって予測された結果に至る一連のプロセスとみなすべきである。
› **品質向上**は収益の増加をもたらす可能性がある。

最終生産物に**顧客が確実に満足するようにすること**が組織の最重要点にある。

マネジャーは規定の基準と照らし合わせて品質を測るプロセスに責任をもつ。

「品質は**決して偶然にもたらされるものではない。**
それは常に**賢明なる努力を重ねた**結果である」
ジョン・ラスキン、19世紀の社会思想家

ITマネジメント

情報技術（IT）担当マネジャーは、会社のIT関連のシステムとリソースを監督し、システムを常に最新のものに更新し、費用効率が高い状態にあるようにする責任がある。

職場のテクノロジー

　IT担当マネジャーの主な任務は、組織の情報システムが確実に効果を上げると同時に効率よく機能することを目指す。この情報システムには、コンピュータやネットワーク、モバイル技術、従業員などのいわゆる「有形」資産と、ソフトウェアプログラムやデータなどの「無形」資産が含まれる。大きな組織では、IT担当マネジャーは情報部門のトップか、多くの場合ボードメンバーの一人である最高情報責任者（CIO）に報告する。そうした役目のあるCIOは組織の中心で働き、新規の事業計画が、必要なITサポートを確実に受けられるようにする。

　今日、多くのIT担当マネジャーはDX（デジタル変革）——新たなデジタルテクノロジーをビジネスのあらゆる側面に組み込む変化——にかかわっている。デジタル化——紙からデジタルへの移行——が始まった当初は、多くの組織がデジタル事業を従来の紙ベースの仕組みに合わせていた。次第にIT担当マネジャーは、従来は会社が自前で所有していたハードウェアなどの方式をクラウドコンピューティングサービスに置き換えている。この過程で重要な点は、こうした新たなテクノロジーが未来の職場に与える影響を予測することである。

変わりゆく世界

ITは変化が急速な分野で、デジタルプラットフォーム（アマゾンやAirbnbのようなオンラインビジネス）、人工知能、クラウドコンピューティング（76-77頁 参照）、IoT（左下のコラムを参照）、企業資源計画（ソフトウェアを使って日々の業務を管理）など、次々とイノベーションが出現している。特に、デジタルテクノロジーの発達で、膨大な量の機密データの取り込みと保存が可能になったため、サイバーセキュリティへの懸念が高まり、ITマネジメントの中で重要な分野となった。

クラウドコンピューティング

一般的なIT関連予算の3分の1はクラウドコンピューティングサービスに費やされる。企業はインターネットを通じてデータの保存やさまざまなソフトウェアの利用が可能になる。

データ

2016年から2018年の間に世界のデータの90%が生み出された。現在は25億ギガバイトという膨大な量のデータが毎日生まれている。

モノのインターネット

ITマネジャーの役割を変えつつある分野がモノのインターネット（IoT）、すなわち日用品にネットワーク機能を組み込む技術である。スマートホームハブのおかげでスマートフォンを使ってあらゆる家電を管理できるようになっている。今やIoTはビジネスを変えつつあり、各種データと自動制御システムを提供し、高スキルの労働者の雇用を創出し、テレワークを可能にしている。ITが製品に不可欠な要素となるにつれ、ますます高まる消費者の期待にITマネジャーは直面する。

人工知能

大半のIT担当マネジャーは、現在あるIT関連の職の20%はまもなくAIに取って代わられるが、それに代わる新たな職が生まれるだろうという考えに同意する。

最新テクノロジー

デジタルテクノロジーは急速に変化しているので、目下IT専攻の学生はまだ存在していない仕事をする準備を行っている。

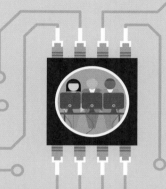

電子商取引（eコマース）

2023年までに小売の22%はインターネット上で行われることになるだろう。オンラインの世界で存在感がなければ、小売業者は衰退するだろう。

ITチーム

IT部門の71%にデジタル関連のチームが存在するにもかかわらず、ビッグデータの解析やサイバーセキュリティといった重要な技術を持つ人材が不足している。

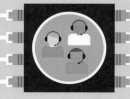

2020年の
IT関連の支出は
全世界で推定

5兆ドル

ピーター・ドラッカー、経営学者／経営コンサルタント、2012年

変化の推進力

2018年に調査会社のガートナーが行った調査によれば、CIOの役割は変化しつつある。ITデリバリーマネジメントにマネジャーが以前ほど時間をかけなくなった一方で、サイバーセキュリティやビッグデータ、人工知能（AI）は次第に重要性を増している。こうした変化を推し進めたのがデジタル化とイノベーションである。

✓ おさえておこう

› **ビッグデータ**は、容量が大きすぎて従来の分析ツールを用いて処理するのが困難なデータのことを指す。

› **サイバースペース**とは、テクノロジーで世界がつながり合った空間というバーチャルな概念である。

› **ビジネスインテリジェンス（BI）**は、企業の意思決定を助けるためにデータを情報に変える分析技術を使う。

マーケティングマネジメント

マーケティング担当のマネジャーは、宣伝している製品・サービスなどが
何であろうと、対象となる層を動かすために、顧客動向を意識して、テク
ノロジーを効果的に使う必要がある。

メッセージをはっきりさせる

あらゆる組織にマーケティングは不可欠である。大企業であれば専門のマネジャーがいるだろうが、中小企業の場合、広告・広報は、ブランドや製品のマーケティングの役割に組み込まれている。

マーケティングマネジャーの任務は業種により異なるが、市場調査の実施、データの分析、販促キャンペーンの立ち上げ、SNSを使った企画の考案、さらにはこれらの課題を手伝うチームのメンバーをまとめあげる任務も含まれる。デジタルスキルは必須である。

テクノロジーとグローバル市場がマーケティングを一変させたからだ。現在、販売ルートはほとんどがオンラインである。

製品の販売促進方法を決定する際には、多くのデジタルツールを利用して、市場、ライバル会社、トレンド、顧客の反応を知ることにより、売上を予測できる。しかし顧客もデジタルの力を手にしており、ネット上に書き込む評価は影響力がある。マーケティングマネジャーは社会の動きを注視しなければならない。

ねらいを正確に

急速に変化し、競争の激しい世界で、マーケティング担当マネジャーには、顧客インサイトとトレンドに対する鋭い意識が必須だ。重要なターゲットに当てるためにマネジャーはさまざまなマーケティングツールを利用することができる。ただし、これらのツールは正しく使われなければならない。使い方を誤ると、キャンペーンや販売活動を台なしにする可能性がある。

ビッグデータの分析

最新技術（膨大な量のデータ分析をする人工知能など）を使って、消費者インサイトや消費動向を明らかにする。

顧客生涯価値

マーケティングやロイヤルティプログラムに投資を進めるために、顧客の将来の販売見込高の価値を評価する。

バイラルマーケティング

全世界の無数の視聴者に届くよう、消費者にソーシャルメディアを通して販促キャンペーンを拡散してもらう。

インフルエンサー
マーケティング

ソーシャルメディアの「インフルエンサー」のスポンサーとなり、フォロワーに製品やサービスの宣伝をしてもらう。

サブスクリプション
エコノミー

購入ではなく定期課金により消費者に製品やサービスの利用を提供する。

マーケティングツール

顧客の好意的な評価

消費者は簡単にネット上で評価をつけることができる。評価が高いと売り上げが増加する。

トレンドの意識

消費者の価値観は変わりやすい。組織はトレンドに遅れないでいることでつながりを保たねばならない。

持続可能性への取り組み

消費者はますます環境を意識するようになっているため、環境に配慮している企業とみなされる必要がある。

明確なブランド戦略

顧客は信頼するブランドに賛同する。飽和状態の市場でブランドは目立たなければならない。

倫理的方針

多くの消費者は、スタッフやサプライヤーを倫理的に扱う組織と取引することを望む。

信頼

顧客は自分が信頼する組織とだけ取引するので、サービスがまずかったり誤解を招きやすい広告を載せたりすれば、組織は信頼を失う。

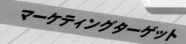

マーケティングターゲット

ダイレクトマーケティング

顧客の関心やニーズを正確にねらうために、ターゲットを絞ったメールやソーシャルメディアのキャンペーンを利用する。

✓ おさえておこう

- **4P**──商品（product）、流通（place）、価格（price）、販売促進（promotion）はマーケティング計画の要である。
- **CTA**（行動喚起）とは、即座の反応や販売促進のきっかけを作るマーケティング計画である。
- **インバウンドマーケティング**は、SNSやウェブコンテンツなどを通して消費者の関心を引きつける。
- **アウトバウンドマーケティング**は、広告やイベントなどを通して企業から顧客に情報を発信する。

「消費者は**暮らしのあらゆる局面で**
つり合いを求めている──人間と
テクノロジー、**ブランドと個人**、
グローバルとローカルの間で」

パメラ・N・ダンジガー、マーケティング・ジャーナリスト、2019年

デジタルマネジメント

デジタル技術は、新たな方式や商品、サービスや、通信手段の開発に大きな可能性をもたらす——しかし、管理が必要である。

変化をとらえる

デジタル技術はほとんどの組織に不可欠で、効果的に活用される必要がある。会社によっては、デジタル技術がIT部門の一部として扱われている場合もあれば、ソーシャルメディアとしてマーケティング部門で扱われている場合もある。会社の全部署にわたりこの技術を活用するためには、この分野で働くマネジャーがデジタル技術の可能性を理解しておく必要がある。たとえば、製品を宣伝したり顧客を引きつけたりするためにソーシャルメディアを活用する、あるいは、収益性を高める方法を見つけるためにデータを分析するといったことが含まれる。

組織のデジタル戦略を策定する任務にかかわっていて、事業計画全般におけるデジタル戦略の役割を認識するマネジャーは、新しい技術を社員に手ほどきし、それらの重要性を説明するのに有利な立場にある。現在、多くのチームは世代の異なるメンバーで構成されている。デジタルトランスフォーメーションのスピードについていくのが困難な社員がいる一方で、デジタル時代に育った社員はたやすく順応できている。したがって、改革の実行に役立つよう、チーム内にデジタル担当リーダーを任命することで従来のヒエラルキーをなくすのは有益だろう。

デジタル世界

デジタル技術はこの25年間で暮らしを大きく変えた。多くの人がオンラインで仕事や買い物、休日の予約、ゲームを行い、音楽を配信で聞いている。携帯電話は世界中に普及し、世界の人口の半数近くがSNSを利用している。この結果もたらされた、世界中に増加し続ける新規の潜在顧客にアクセスする機会を利用しなければならない。

デジタル世界

総人口 76億7,600万人

ユニークモバイルユーザー 51億1,200万人

ソーシャルメディア利用者 34億8,400万人

インターネット利用者 43億8,800万人

> 「**2021年までに全世界のマーケティング** 支出の**75％** はデジタル関連になるだろう」
>
> ジェイソン・デント、キャンペーン・モニター社、2019年

デジタルチャネルを介した世界的消費

ファッション＆ 美容	電子機器＆ 物理媒体	食品＆ パーソナルケア製品	家具＆家電
5,249億ドル	3,926億ドル	2,095億ドル	2,725億ドル

玩具、DIY＆ 趣味	旅行 （宿泊費含む）	デジタル音楽	ビデオゲーム
3,862億ドル	7,507億ドル	120.5億ドル	750.6億ドル

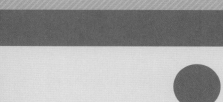

モバイル端末利用のソーシャルメディア利用者
32億5,600万人

世界規模のソーシャルメディア

	Facebook	YouTube	WhatsApp	WeChat	Instagram	Twitter	LinkedIn
サービスの 内容	ソーシャルメディアとネットワークサービス	動画共有サイト	スマホ向けインスタントメッセージアプリ	中国発のメッセージ、ソーシャルメディア、モバイル決済アプリ	画像や動画を共有するソーシャルネットワーキングアプリ	ニュースとソーシャルネットワーキングのアプリ	ビジネス用ソーシャルネットワーキングサイト
全世界の 月間アクティブ ユーザー数	24.1億	19億	15億	10億以上	10億	3億2,100万	3億300万

出典：各サービス提供会社、2019年

プロジェクトのサイクル

会社は日常業務とは別に、一時的に特定のプロジェクトに取り組むことがある。プロジェクトはすべての段階でマネジメントを必要とする。

プロジェクトを統括する

プロジェクトとは、ある目的を達成するために設定された一連のタスクである。その目的は、新しい製品やサービスを提供することであったり、本業に変化をもたらすことであったりする。プロジェクトには始まりと終わりがあり、決まった期限内に達成されなければならないという点で、日頃のルーティンワークとは異なる。小規模で費用のかからない短期間のプロジェクトもあれば、何十年もの長期にわたる巨大なプロジェクトもある。

プロジェクトマネジャーは、プロジェクト期間の日常業務の管理や、資源の準備、チームの管理を任される。

マネジャーは、合意によって定められた目標が納期を守り予算の範囲内で達成されるまで、各段階を通して（右を参照）さまざまなスキルを行使して（60-61頁参照）プロジェクトを管理しなければならない。

関連した目標を持つプロジェクト群をプログラムと呼ぶ。プログラムの中の各プロジェクトはプロジェクトマネジャーによって統括され、その全員がプログラムマネジャー、多くはシニアエグゼクティブによって管理される。大規模なプロジェクトでは、プロジェクトマネジャーはプロジェクト委員会——成果に利害関係があるシニアエグゼクティブのグループ——によって監督されることもある。

（60-61頁参照）

✓ おさえておこう

> **ウォーターフォール型**は、詳細な計画とスケジュールを決め、プロジェクトの完成後に引き渡す。
> **アジャイル型**は小さなサイクルで部分部分開発し、できた所から納品。
> **アウトプット**はプロジェクトの最終成果物（通常は製品やサービス）。
> **アウトカム**は、より広範囲にわたりプロジェクトがもたらす結果、短期・中期の成果。
> **スコープ**（範囲）はプロジェクトであらかじめ合意された成果を示す。
> **スコープ・クリープ**は想定を超えてスコープが増大してしまうこと。
> **鉄の三角形**とはスコープと予算と納期を指す。

「**プロジェクトマネジメント**は、組織を**前進させる機関車**である」

ジョイ・グムズ、プロジェクト・オーディター社取締役、2012年

初期段階 →

> 必要性を明確にする
> 達成すべき目標を定める

プロジェクト段階
プロジェクトはプロジェクトマネジャーによって監督され、初期、計画、提供、引き渡しの各段階を経て進んでいく。

プログラム
一連のプロジェクトによりプログラムは構成される。プログラム全体はプログラムマネジャーによって推進される。

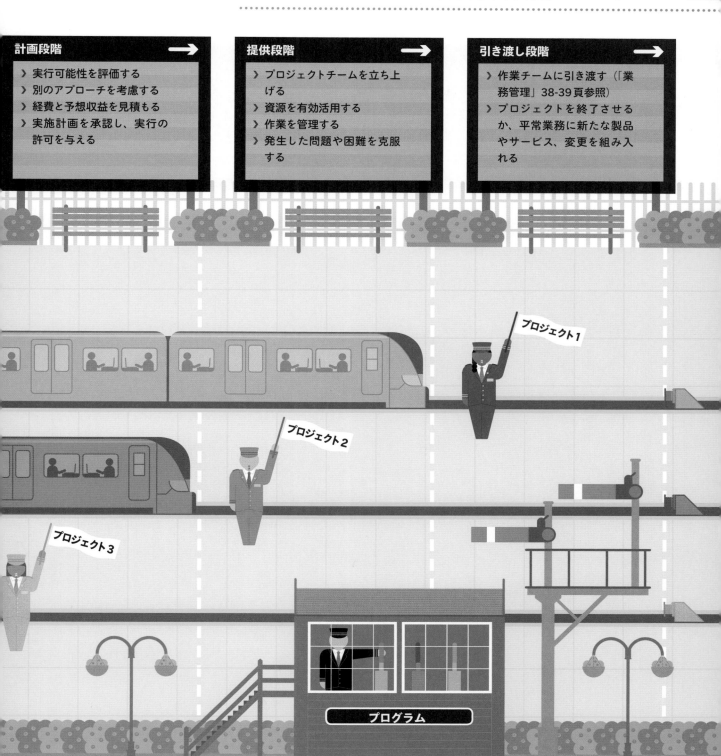

計画段階 →
- 実行可能性を評価する
- 別のアプローチを考慮する
- 経費と予想収益を見積もる
- 実施計画を承認し、実行の許可を与える

提供段階 →
- プロジェクトチームを立ち上げる
- 資源を有効活用する
- 作業を管理する
- 発生した問題や困難を克服する

引き渡し段階 →
- 作業チームに引き渡す（「業務管理」38-39頁参照）
- プロジェクトを終了させるか、平常業務に新たな製品やサービス、変更を組み入れる

プロジェクト1

プロジェクト2

プロジェクト3

プログラム

第 2 章

組織の管理

組織のタイプ

企業は孤立して事業活動をしているわけではない。マネジャーは、自身の会社と出会う可能性のある、さまざまな種類の組織を理解しておく必要がある。その組織が将来のパートナー、取引先、競争相手、あるいは顧客になる可能性があるからだ。

組織のタイプにより異なる目標

組織は大きく3つのカテゴリーに分類される。個人や株主のために利益を追求する民間企業、公共の利益に尽くす政府組織、慈善団体やコミュニティが運営するプロジェクトなどの「非営利」団体の3つである。いずれの組織で働いていようとも、マネジャーの主たる役割は従業員の監督、仕事の効率や生産性の向上、そして目標の設定や達成である。ちょうど利益目的の企業が、投資に対しできる限り多くのリターンを期待するように、公共団体や非営利組織は自分たちの取り組みから最良の成果を得られるよう努力する。したがって、成功するマネジャーは、勤めている組織に関係なく、そこで必要とされているスキルを見出す。

目的は異なるとはいえ、異なるタイプの組織は一般に、それぞれの組織が持つ専門技術や資源を分かち合うために、協力して共同プロジェクトや事業計画を行う。たとえば、民間企業が公共サービスを執り行うために行政機関と契約をする一方で、慈善団体が専門知識を民間企業や政府組織に提供することもある。とはいえ組織の間で対立が生じることもある。民間企業が政府の計画に反対する、あるいは、慈善団体が民間企業の活動に反対する活動を行うこともあ

る。自分が所属する組織の成功のためには、マネジャーが対立の可能性を認識して、その解決に必要なスキルを持つと同時に、必要な時は他の機関とうまく連携できることが重要である。

今日、組織は変化し続けており、組織タイプ間の境界線はあいまいになってきている。民間企業と政府機関の間の官民連携（PPP、官民パートナーシップ）は、今ではごく一般的であり、主要な慈善団体の多くは営利活動を行っている。マネジャーにとって、こうした傾向は多くのチャンスをもたらす。

公共部門
ここには公共サービスを提供する、政府資金による組織が含まれる。利益のために事業活動をしていないが、支出金額に見合う価値を求める。

✓ おさえておこう

› 有限会社
株式を保有している投資家によって支配される。公開有限責任会社（plc）は証券取引所で自由に株式を売買する。一方、私的有限会社（ltd）は株式が非公開である。

› コミュニティ利益会社（CIC）
〔英国の制度〕慈善組織と異なるが、特定の社会的な目標を追及し、利益を求めない。

共有される評価とリスク

組織のタイプをまたいだ連携はますます増えており、多様な組織と複雑な関係を持つこともある。各事業者はそうした提携関係から、それぞれ異なる成果を得ようとしているため、綿密に管理されなければ、争いの種となる可能性がある。同様に、それぞれの組織は合弁事業に資産や専門知識を提供しようとするが、提携相手にリスクをもたらす可能性もある。たとえば、2018年に英国の大手建設会社カリリオンが経営破綻した時、官民連携の結果、英政府の損失額は1億8,000万ポンドにのぼった。同社の倒産により、複数の大規模公共プロジェクトも行き詰った。

600億ポンド
2018年に英国で
締約された
官民連携**事業**
の見積**価格**

ラジーヴ・サイヤル、ガーディアン紙
記者、2018年

民間部門

ここには個人や株主によって所有される組織が含まれる。一人だけのトレーダーから、国際的なコングロマリットまでさまざまな会社がある。どこもオーナー／投資家のために利益をあげることを目指す。

官民連携（PPP）

官民連携とは、サービスや資産を提供するために、政府組織と民間企業の間で結ばれる契約である。企業側は利益をあげることを期待する。

共同事業

非営利組織の多くは、財源の確保や物資の入手、世間の注目度の向上のため、公企業や私企業と提携する。

非営利部門

この部門には、慈善団体や公的機関主導型ＰＰＰなど、受託財団によって所有される組織が含まれる。こうした組織は獲得した利益を活動資金の積み立てと職員の給与の支払いに利用する。

進化する組織構造

組織構造によって、組織のどこで意思決定が下されるかが決まる。組織構造の究極の目的は、もっとも効率的かつ効果的な方法で顧客を満足させることである。

組織構造のタイプ

一つの組織の内部と組織の間にはきわめて多くの部分的構造があり、多くの企業は状況の変化に合わせてそれらを再構築していかなければならない。意思決定のスピードを上げるため、会社は従来の階層（ヒエラルキー）型の構造（図左）をやめ、よりフラットな組織構造を作っている。また、複雑化する環境に対応するため、マトリクス構造（図右）を採用する場合もある。バーチャル組織（右上コラム参照）によって、タイムリーで一時的な協働も可能になってきている。

従来型の企業には大まかに2つの機能がある。研究開発（R&D）、販売とマーケティング、製造と供給を含むライン機能と、財務やシステム（IT）、人事（HR）などのスタッフ機能である。それぞれの機能はマネジャーが管理する部署ごとに細分化され、部署はさらにチームに分割され、チームマネジャーによって監督される。つまり、従来型の企業は、上意下達と垂直的な指揮系統を特徴とするヒエラルキー型の構造をしている。たとえばチームマネジャーはマネジャーに報告し、マネジャーはその上司である部門長に報告し、部門長はCEOに報告する。関係のない複数の業種の企業からなるコングロマリット（複合企業）でさえ、通常は親会社があり、親会社のCEOは子会社に影響を持つ。

とはいえ、すべての組織が単純なヒエラルキー型の構造であるわけではない。マトリクス型の組織構造では、伝達系統はグリッド状に組まれる。スタッフはプロジェクトの実行を担当するチームに配属され、プロジェクトマネジャーに報告するのが一般的だが、特定の専門分野や部門（たとえば技術部門）とも結びついているため、ファンクショナル（機能別）マネジャーにも報告しなければならない。

「**今の時代**を生き残るには、会社は**変化を**基本前提として**受け入れる組織構造**でなければならない…」

リカルド・セムラー、セムコ社CEO、1995年

ヒエラルキー型の組織構造

従来型の企業は上下関係で序列化され、トップのCEOから、部門長、マネジャー、チームマネジャー、一般社員まで、上意下達の伝達系統が特徴である。

バーチャル組織

バーチャル組織とは、製品やサービスを作り出すために集まった、独立した組織のネットワークで、一時的な組織であることが多い。一例が英国政府のプロジェクト・リーダーシップ・プログラムである。3つの別個の組織（クランフィールド大学、PAコンサルティング、プロジェクト・アカデミー）が、公務員向けの開発プログラムを提供するために、教育機能やコーチング機能、IT資源や設備を出し合う。

マトリクス型の組織構造

マトリクス型組織では、スタッフには所属部署の上司とプロジェクトマネジャーという、2つの伝達系統がある。このシステムだと、自分が所属する機能別部署とのつながりを保ちながら、さまざまな短期プロジェクトに取り組むことができる。

スター型モデル

米国の組織理論家ジェイ・ガルブレイスは、なぜ多くの組織が、組織の構造を変えることだけでは業績を改善することができないのかを説明するために、スター型モデルを作り出した。組織の構造は組織の戦略、あるいは長期的な目的によって構築されるが、同時に組織のプロセス（どのように情報が伝達されるか）、動機づけモデル（従業員が戦略を受け入れる気になる）、人材（望ましい方向に組織を導くためにふさわしい戦力）が組み合わされる必要があると説いた。

戦略

人材

構造

動機づけ

プロセス

✓ おさえておこう

> **組織の構造**は、組織がどのように管理されるかを決定する。意思決定の序列と、全体的なシステムのどこに各従業員の仕事がおさまるか、報告段階でどのように情報が伝えられるかを、組織の構造が示しているからだ。

> **垂直統合された企業**とは、独自のサプライチェーンを持ち、生産の各段階を管理する会社である。これにより変化に速やかに適応できる。

社会的支持の確立

何のために組織は存在するのか──組織の目的・価値観・倫理観を明確にすることは、従業員・顧客・取引先の支持を得るためにきわめて重要な役割を演じる。

ステートメントを発する

組織を成功に導くためには、社内外の人々に自社の戦略を支持してもらわなくてはならない。組織は、社会的に価値があると思われなければならない──人々が信頼し、それを目指して努力することに意義を感じられるものに立脚しなくてはならない。このことを実現する効果的な方法が、ミッション・ステートメントの発信である。これは組織の活動内容と設立目的を説明する公の声明である。人を引きつけ、覚えやすい内容であるべきだ。たとえば、グーグルのミッション・ステートメントは「世界中の情報を整理し、世界中の人々がアクセスできて使えるようにすること」である。

ミッション・ステートメントを支えるため、ビジョン・ステートメントを作ってもよい。ビジョン・ステートメントは、ミッションの達成に基づいて、将来組織がこうありたいと望む姿──組織の長期的な目的──を提示するものである。ビジョン・ステートメントは一般的に、組織の進む道を感情に訴えかけるように述べたもので、それを従業員が受け入れることが望まれる。さらにバリュー・ステートメントが加わることもあるが、これは、そうした道を歩む過程で組織が守っていく価値観を説明するものである。価値観の中には、従業員とサプライヤーの待遇や、天然資源の取り扱いなど、道徳や倫理、環境にかかわる公約が含まれる。

全体として、これらのステートメントが、組織と組織にかかわる人々の間で交わされる誓約となる。したがって、誓約が達成可能であること、そして実現に向けて積極的に取り組むことが重要である。

関心を集める

ミッション・ステートメントは二重に利点がある。社外には、組織のイメージやブランドを作り上げ、従業員や顧客、投資家など、同じ意見を持つ人々を引きつけるのに役立つ。また既存のステークホルダーに組織が支持する理念を知らせる。社内には、従業員に理念の実現を目指すよう促しながら、組織の戦略を繰り返し伝える効果的な方法である。また従業員に対する組織のコミットメントを思い出させ、信頼関係を深めることもできる。マネジャーにとっては、自身が管理する組織内で、組織の手本となるものを作り出すのが効果的なミッション・ステートメントである。

ミッション・ステートメント

私たちは何をしているのか、何者なのか、なぜそうしているのかを示している。

「私たちの組織は
あなたにとって
重要性があります
──私たちはあなたと
信念を
同じくします」

事例研究

ウーバー・テクノロジーズ

2009年創業のウーバーはシンプルなタクシー配車アプリで旅客自動車運送事業を大胆に作り替えようとした。既存業界の新興企業として、ウーバーは客だけでなくドライバーも自社のプラットフォームに引きつける必要があった。

❯ **ミッション・ステートメント**　「水道水のように、どこでもだれからも信頼される輸送業」

❯ **ビジョン・ステートメント**　「世界を動かすことでチャンスに火をつける」

❯ **バリュー・ステートメント**　「適切なことをする。それだけだ」

「**なぜ我々は会社として
存在するのか？
真に説得力ある**会社の
存在理由とは何か？」

ヨアン・クヌッドストープ、レゴCEO、2017年

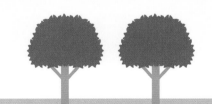

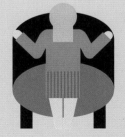

ビジョン・ステートメント

私たちはどこに向かって、どのような旅をしているのかを示している。

バリュー・ステートメント

目的地への旅路の間、人々や地球に対して、どのように向き合うかを示している。

職場の文化

組織の文化は組織の雰囲気をそのまま映し出す。ポジティブな職場文化を作り
出して維持すれば、従業員の士気や態度を大いに向上させることができる。

ポジティブな職場文化

職場の文化は組織の内部で起きるすべてのことから生じる。社内においては、従業員同士の相互作用、生産性ややる気、顧客への態度といったことに影響をおよぼす。社外にも、直接的には、組織が打ち出すイメージを通じて、それ以上に間接的には、組織の活動によって生じる評判を通じて、はっきりと示される。組織の文化に影響をおよぼす可能性のある要素は数多い（下図参照）が、上のレベルでなされる意思決定や会社の所在地など、マネジャーが直接的にコントロールできるものばかりではない。しかしマネジャーは、できるだけ自分の責任範囲にもっとも適した文化を育てるために力を尽くすべきである。たとえば、すばやい意思決定とイノベーションに成功がかかっているハイテク企業のマネジャーであれば、事実確認や政策の慎重な審議が最重要である官庁組織とは明らかに異なる文化をはぐくまなくてはならない。また、従業員の反応もそれぞれ異なるため、マネジャーは従業員の要望を考慮すべきである。もちろんそうは言っても、組織のためにならない文化は避けるべきであることは言うまでもない。

文化を作り出す

組織の文化は時間をかけて発展し、組織の価値観や、従業員の管理方法、さらには職場環境といった多くの要因によって影響を受ける。マネジャーは好ましい文化を効果的に形成・維持するために、これらの要素を理解する必要がある。

文化

文化とは、生産的で有意義な——あるいは成果のあがらない——職場環境を作り出す多数の要素の組み合わせである。

慣行

組織がどう行動するかが、そこで働くことについて従業員がどう感じるかに影響をおよぼす。

職場

従業員に与えられる職場環境が、従業員の士気によくも悪くも影響をおよぼす。

組織文化の型

1990年代、アイルランドの経営学者で組織行動の権威であるチャールズ・ハンディは職場文化を4つの型に分類した（22-23頁参照）。パワー、役割、タスク、個人のそれぞれに基づいた文化には組織にとって長所も短所もある。また人によって合う合わないはあるかもしれない。マネジャーにとっては、自分の組織に存在する文化の型を理解し、自分の従業員や目標、目的に一番合う型を形づくるか、活用することが重要である。さらに文化的な変化を従業員に伝え、彼らにそれを受け入れるよう促すことが不可欠であるとした。

パワー文化
少数の従業員がパワーと影響力を持つ。決定はすばやく下され、煩雑なお役所的手続きは減少するが、組織は担当者の能力に大きく依存する。パワーのない従業員は締め出されていると感じ、やる気をなくす可能性がある。

役割文化
個人が持つことができるパワーと影響力は、堅固な構造の中での役割によって限定される。意思決定や新たな状況への適応は遅いかもしれない。成果や自分で作業を管理することを大切にする意欲的な従業員は不満を感じるかもしれない。

タスク文化
タスク文化の組織は共同作業をまとめる力にかかっている。限定的なプロジェクトに選ばれた従業員は次に専門がもっとも必要とされる部署に配置転換される。従業員には順応性と適応力が求められる。

個人文化
だれもがパワーを持つ――そうした組織は、特殊技能を持つ個人がそれぞれの目標を達成できるようにするために存在する。この型の文化は、組織の内部で自主的に仕事をすることができる専門家や顧問に代表される。

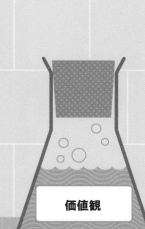

価値観
従業員とステークホルダーは、倫理基準など組織が掲げる価値観によってやる気を感じるかもしれない。

ビジョン
組織のビジョン――組織の目的やどう自覚しているか（56-57頁参照）――が組織文化に反映されるべきである。

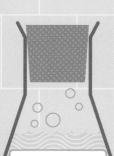

リーダーシップ
組織のリーダーが組織の文化のよい例となり、従業員や外の世界に模範を示すべきである。

従業員
まとまりのある文化を持つには、組織で働いている従業員の大多数が同じ価値観を共有しなければならない。

プロジェクトの管理

プロジェクトを成功に導くためには、マネジャーはプロジェクトの範囲や時間、品質、予算といったさまざまな制約に対処するスキルを必要とする。さらにチームを効果的にリードし、ステークホルダーと密にコミュニケーションしなくてはならない。

プロジェクトを進める

　プロジェクトのライフサイクルはいくつかの段階に分かれており（48-49頁参照）、プロジェクトマネジャーは、プロジェクトが期限内に予算の範囲内で仕様書通りに行われるよう、各段階を効率よく管理しなければならない。このため、手順や強いチームワーク、すべてのステークホルダーとの明確なコミュニケーションを厳密に管理する必要がある。さらにスケジュールの遅れなどのトラブル（右のコラム参照）が発生した時には問題を解決する必要もある。これらすべての難題の対処に欠かせないのがさまざまなハードスキルとソフトスキルである（下参照）。ハードスキルは、すぐに習得できる技術的なスキルである。たとえば、有能なプロジェクトマネジャーであれば、仕事を監督し、予定通りに進めることが可能になるよう、中間目標やKPIなどのツールを含む実行可能なスケジュールを作成するはずだ。

　ソフトスキルはすぐれたコミュニケーション能力など対人関係にかかわるスキルである。これは、定期的に顧客と情報を共有する必要があるマネジャー、上級管理職、さまざまな組織から集まった多様なチームメンバーにとって重要なスキルとなる。

状況をみてバランスを取る

プロジェクトマネジメントを成功させるには、スケジュールやリスク、資金、人間関係、個人とチームの投入資本、さまざまなステークホルダーの効率的な管理が欠かせない。これらすべての目的を達成するため、プロジェクトマネジャーは技術にかかわるハードスキルと対人関係にかかわるソフトスキルを組み合わせる必要がある。

> 長期にわたる**仕事の成功**の
> # **75**%は
> **対人スキル**によるもので、**専門知識**によるのは**25**%にすぎない」

ペギー・クラウス、ビジネス書の著者、2008年

企画の立案

時間の管理

予算の計上

販売活動

リスクマネジメント

ハードスキル

これは評価と訓練が容易な技術的なスキルである。この中にはプロジェクトの目標設定や、スケジュールや予算作成、リスク管理、売り込みなどが含まれる。

障害の克服

どのプロジェクトマネジャーもある段階で困難に直面する。下の表に、よく起こりがちな問題とその対応策をいくつかあげた。プロジェクトの達成を妨げる障害には、開始時点での不明瞭なビジョンや、スケジュールの遅れ、スコープクリープ（計画のにじみ出し）、非現実的な期限が含まれる。

	問題	対応策		問題	対応策
	不明瞭なビジョン	・上級管理者／ステークホルダーに明快さを要求する ・当初の目標を見直す ・チームがきちんと指示を心得ているか確認し、遅れを取らないようにする		スコープクリープ	・ビジネスケース／プロジェクトの目標変更要求を評価する ・プロジェクト計画の変更を調整するために交渉する
	スケジュールの遅れ	・予定を再検討し中間目標を見直す ・残っている仕事の計画を立て、顧客に対するリスクを評価する		非現実的な期限	・ステークホルダーと従業員に新たな期限によって起こりうる影響を報告する ・遅れた原因を突き止める ・予想を修正する ・特に重要なタスクを特定する

✓ おさえておこう

> **プロジェクト開始文書（PID）**は、マネジャーがプロジェクトのビジネスケースを作成し、仕事の範囲や規模、期間を設定し、作業スケジュールを計画することを容易にする。

> **プロジェクトプランニング**はマネジャーが明確な目標を定めるのに役立つ。

> **KPI**は、マネジャーが予定通りの進行やコストの抑制といった目標をどれだけ達成できているか把握することを容易にする。

ソフトスキル

これはハードスキルに比べ数値化しにくい対人関係にかかわるスキルである。この中には指導力や、ビジョンを生み出しチームを鼓舞する能力、コミュニケーション力、交渉術、前向きな姿勢、チームのやる気を高め指示を与える力が含まれる。

顧客とその他のステークホルダー

組織に対する要求と期待のバランスを保つために、マネジャーは組織の製品やサービスを利用する人々と、ビジネスに利害関係を持ち、組織に影響をおよぼす人々の双方を明確に理解する必要がある。

ステークホルダーが重要な理由

組織のステークホルダーは組織の成功にかかわる。ステークホルダーとは、組織のオーナーや株主、従業員、部品製造者など、組織に利害関係のある人々のことであるが、組織の製品を購入したりサービスを利用したりする顧客も含まれる。マネジャーは、それぞれのステークホルダーが、何を組織に望んでいるかを明確に理解しなければ

ならない。こうすることで、さまざまなステークホルダーの利害を会社の利害と一致させることができる。

時には、ある関係者の利害が他の関係者の利害と衝突することもあるかもしれない。たとえば、賃金が増えれば従業員は喜ぶが、人件費が上がるため、商品の価格も上がり、顧客は困惑する。賃金を上げ、しかも製品の価格を低く抑えることでどちらの関係者を満足さ

せようとすれば、利益に影響がおよび、株主やオーナーが得る報酬が低くなるかもしれない。したがって、どのような行動を取ったとしても他のステークホルダーに影響が及ぶ可能性があることを知った上で、これらの相反する要求の間でバランスを取る必要がある。

組織によっては、大きな力を持つステークホルダーの集団内で、独自のニーズを持つセグメントと呼ばれる下位

大局的に見る

どんな組織でも内外には多数のステークホルダーがいて、全員がビジネスの成否に関与するため、彼らの利害関係は重要である。すべての関係者が利益を得るような意思決定を行うためには、自身もステークホルダーであるマネジャーが、それぞれのグループがどういう人々なのかを把握し、彼らの利害関係を理解しなければならない。

サプライヤー（供給業者）
商品やサービスを供給する人々は利益を上げることを欲する。代金を支払ってもらい将来の仕事を確保するために、その会社に成功してもらう必要がある。

政府
監督官庁は、法や規制によって組織の運営の仕方に影響を及ぼすが、それにより、関係官庁はその業界に利害関係を持つ。

顧客
顧客の利害を第一に考えることなく生き残れる組織はほとんどない。満足できない顧客はよそへ行くのが普通だ。

株主
ビジネスで金銭上の利害関係のある人々は利益を得ることを欲する。彼らの投資が会社を支えるため、その意見は影響力を持つ。

従業員
製品とサービスを作り出す人々は重要である。彼らの関心には、賃金、雇用の保障、雇用条件、キャリアアップが含まれるかもしれない。

オーナー
オーナーは、コストを抑えつつ、利益を上げることに重点を置きがちである。

コミュニティ
近隣に住む人々は、雇用から環境汚染まで、企業からさまざまな影響を受けるため、地元におよぼす影響を認識することは重要である。

集団が形成されることがある。たとえば株主の中には年金基金などの大きな機関投資家のセグメントが含まれ、彼らは配当金（所有株からの定期的な金銭的見返り）を重視するだろう。一方、別の小口投資家のグループは、株を売って利益が得られるよう、株価が上昇するのを望むかもしれない。「ステークホルダー・マップ」は、通常は主なステークホルダー同士の利害関係を図にあらわしたものであるが、プロジェクトの計画立案やマーケティング戦略の立案の際などに、マネジャーが意思決定するのにも役立つ。

ステークホルダーを満足させる

ほとんどの組織で顧客は重要なステークホルダーであるが、実際にはだれが顧客かわかりにくい場合が多い。ここに挙げた例では、ペットフードメーカーのマネジャーは、会社の要求と顧客の要求との間でバランスを取ろうとする。

メーカー
製造会社は最も有益な価格で自社の製品を小売業者に売りたいが、小売業者の幅広いニーズも満足させなければならない。

小売業者
小売業者は、メーカーと顧客のニーズを満たしながら、一番安い価格でペットフードを購入して、一番高い価格で販売したい。

購入者
顧客は手ごろな価格で飼い犬が喜んで食べる栄養分の多いペットフードを買いたい。顧客はどこでも買うことができる。

消費者
供給されるペットフードを食べるのは犬だけである。犬がそのメーカーの製品を気に入らなければ、顧客は別ブランドの製品を探すだろう。

マネジャー
マネジャーは、すべてのステークホルダーの要求のバランスを取りながら、組織が利益を得ることを望む。

「**全員をあなたのビジョンに投資させ続ける**ためには、**さまざまなステークホルダー**がどんな人なのか、また彼らがそれぞれ何に対して**反応する**か、分析する必要がある」

アラン・スターン、NASA前長官、2011年

製品とサービス

近年、デジタル技術の進歩が製品とサービスの本質的なあり方を変えた。
しかし、多くのマネジャーの方針は同じままである。

発展し続ける市場

伝統的に、「製品」は購入して所有できる具体的なモノで、「サービス」は購入者のために行われる活動であった。しかし今日ではこの2つの定義はそれほど明確ではない。50年前はレコード会社がレコードの製造と小売店への流通を専門的に扱うことができた

が、今日では大半の音楽がデジタル形式でダウンロードされるファイルとして販売されている。つまり、レコード会社は「無形の」デジタル製品のために自社で製造する個々の「有形」製品の数を減らしてきただけでなく、新たな販売形式に順応している。そして少なくとも先進諸国では、消費者がモノ

よりも体験を好む傾向が顕著で、サービス部門の全盛と製造部門の衰退を招く結果となった。こうした有形から無形への変化は、すべての産業部門に影響を及ぼしている。多くのエネルギー会社は、もはや電気やガスといった物理的な「モノ」の供給元（サプライヤー）ではなく、光や熱といった「顧客

有形財と無形財

ここ数年、無形製品へのシフトがさまざまな分野で進んでいる。たとえば、かつてはレコードやカセット、CDを購入していたものだが、今日の消費者は音楽をデジタルファイルとしてダウンロードする傾向にある。製品とサービスの両方が変化しており、物理的なモノからデジタルへ、また町の商店からインターネットへと切り替わっている。

> 「**価格**と**品質**の点で**同等**でないとゲームに**参加**できない。**サービスがゲームを制する**」

トニー・アレッサンドラ、著述家・マーケティング専門家、2009年

有形製品
従来、音楽は商店で売買される有形の製品として入手することしかできなかった。

無形製品
今日ではさまざまなウェブサイトから音楽をダウンロードすることができる。

価値（顧客にとっての価値）」を提供する主体（プロバイダー）と自認しており、そのことが関連商品やサービスの開発を可能にした。

とはいえ、製品やサービスを提供する組織の目標は依然として変わらない。民間部門の会社は、オーナーや株主のために製品やサービスで利益をあげなければならない。生産と納品の工程を担当するマネジャーはその効率をモニタリングするが、効率性は、どれだけ資金と労働力と原料が効率よく製品やサービスに変えられるかによって測られる。品質は品質管理マネジャーの責任で、製品やサービスが一定の水準に達していることを保証するのがその役割である。達していない場合はただちに顧客の怒りを買い、とりわけネットのレビューで、売り上げに悪影響をおよぼすほど低い評価が並ぶことになるだろう。

「レトロ」リバイバル
インターネットはさまざまな音楽を提供してくれるが、旧式の有形製品が見直されて現在人気を集めている。

✓ おさえておこう

> **セールスファネル**　マーケティングを含めた、顧客との最初のコンタクトから最終販売までの販売プロセス全体。

> **部品表（BOM）**　製品やサービスを構築するのに必要なすべての部品の一覧表。

> **製品構造ツリー**　プロダクトマネジャーが、ある製品やサービスに必要なすべての要素を考慮する時によく使う視覚的な装置。

> **「機能過多」**　あまりに多くの機能を備えた製品を表すのに用いられる一種の蔑称。

🔍 事例研究

ロールス・ロイス
1990年代、ロールス・ロイスは、それまでの製品主体のビジネスモデルを顧客ベースに転換した。航空機用エンジンの耐久性を高めた結果、販売数が伸び悩んできたためであった。その後は、それまで限定的に行っていたメンテナンスと修理のサービスを拡大した。1993年に3億ポンドであった収益は、2002年には12億ポンドまで増加した。同年、飛行時間に応じた価格のメンテナンスと、追加でエンジンをリースできるサービスを提供する会社を興した。利益性の高いこのサービスは、メンテナンスの費用が予想できる上、不測の事態に関連したリスクをすべて取り除くことによって、顧客にもメリットがある。

需要と供給

需要と供給の法則は売り手と買い手の関係を明らかにするものである。マネジャーは事業が確実に収益をあげられるために、基本となるこの概念を理解しておかなくてはならない。

過剰と不足

何世紀もの間、需要と供給の法則は西側資本主義にとってもっとも重要であった。本来この法則は、買い手と売り手の希望が一致する価格が存在するとした。求める製品やサービスが不足している場合、それを得るために人々はより多くの金を払っても手に入れようとするため、供給業者は高い値段をつけることができる。しかし競争相手が多く、供給量が豊富であれば、消費者は購買先を選べるため、供給業者は値段を下げざるをえない。他の業者が製品の代金を上げることができるとみなせば、その市場へ参入して、供給量を増やす。そうなると買い手の選択肢がさらに増えるので、それに応じて価格は下がる。

供給は、利用可能なスキルや原材料、生産技術、人件費といった要因で決まるが、需要は消費者の好みと、競合製品、顧客の収入とニーズ、季節的な変動などの影響を受ける。

マネジャーは自分たちの利益になるよう生産量と価格を調節するために、需要と供給をチェックし、双方のバランスを保たねばならない。このためには、売上高だけでなく市場のトレンドも絶えず分析し、将来の動向を予測し計画を立てる必要がある。

「……**価格**は**価値**ではなく**需要**と**供給**に左右される」

ジョージ・バーナード・ショー、『社会主義』、1926年

バランスを取る

右図は需要と供給を決める主な要素を表している。売り手は栽培業者から果物を定期的に供給してもらうが、需要があまりないのに過剰に供給されれば、品物を無駄にしないよう値段を下げざるをえないので、利益は減る。需要が多すぎて供給が追いつかなければ、客は別の店に行くか、少ししか買わない。品物が全体的に品薄なら、値段が高くても買うだろう。目標は、需要と供給がだいたいバランスの取れている状態にすることである。

高供給／低需要
たくさんの果物を仕入れたのにほとんど売れない商人は、貯蔵しておくことができなければ、商品を安く売り払わなければならないので、損をする可能性がある。

需要と供給の法則と倫理

需要と供給の法則から、今後も人々は、高品質・低価格のお買い得とされる商品を購入し続けることが予想される。こうした消費傾向が、きわめて安い価格で商品を供給する、移り変わりの激しい市場の成長をもたらしている。その一例がファストファション業界である。小売業者の中には、低価格の服を生産するために、途上国の労働力を搾取する工場からの仕入れに頼ってきた業者もいる。そうした工場では、労働者は劣悪で、時には危険な環境に押し込められ、低賃金で長時間働かされている。しかし業界のこうした慣行に対する反発が起きている。著名ブランド数社が「名指しで非難」され、価格が安くても、そうしたブランドをボイコットする動きが消費者の間にみられるようになった。

高需要／低供給

売れ口を予想できずに在庫がほとんどない商人は損をする。そしてそのことは収益と消費者の信頼に影響する。

バランスの取れた需要と供給

現在と将来の需要も考慮に入れながら季節の産物の仕入れをうまく管理することで、商売は安定する。

マーケティングと営業

効果的なマーケティングは、製品やサービスを売ろうとする企業にとって欠くことができない。慈善団体などの非営利組織にとっても同様である。顧客とそのニーズ、顧客の心をつかむ方法についての知識を必要とする。

マーケティングプロセス

マーケティングとは、ニーズを見極め、そのニーズを満たす製品やサービスを開発し、潜在的な顧客に売り込むことを含む一連のプロセスである。製品は納得のいく価格で提供され、ふさわしい小売店で入手できるようにすべきで、顧客にとってその製品を購入し所有する体験ができるだけポジティブでなくてはならない。これはマネジャーの側にしてみると、機会を見出すため市場を調査し、顧客が製品に求めるものや、どんなものにお金を費やそうとするのか、どうやって手に入れたいと思うか、製品そのものとそれを

提供する会社から期待するものは何か、理解する必要がある。さらにマネジャーは、製品を宣伝販売するのに一番よい方法を見極める必要もある。

マネジャーが宣伝のために取る具体的な手段は、販売しようとするものによって異なるとはいえ、市場と顧客のリサーチは欠かせない。詳細な戦略を立てるのは、マーケティングプロセスが適切なオーディエンス〔広告メッセージの受け手〕に届いて製品の購買意欲を刺激していることを確実にするためにも重要である。

マーケティング活動

マーケティングに関しては多くの理論があるが、一般に広く用いられているフレームワークが、プロセス全体を扱う「7P」モデルである。これは、エドモンド・ジェローム・マッカーシーが『ベーシック・マーケティング』（1960年）で提唱した「4P」（製品、価格、流通、販売促進）に、3つのP（物的証拠（価値の見える化）、販売・業務プロセス、人）を加えたモデルである。マーケティングではその他、消費行動プロセスを示した「AIDAS」（注意、関心、行動、欲求、満足）モデルが用いられる。右にこの2つのモデルの概要をイラストで示した。

市場の存在を突き止める
最初の課題は、市場を調査し、現在のところ既存の商品やサービスによって満たされていないニーズを明らかにすることである。人々は何を必要としているのだろうか？

製品を開発する
ニーズを明らかにしたら、それを満たす製品（Product、サービスも含む）を開発し、顧客が支払える価格（Price）で販売する。

注意と関心をとらえる
顧客の注意（Attention）をとらえ、関心（Interest）を呼び起こす広告、すなわち販売促進（Promotion）活動を通じて、顧客に製品とそのメリットに気づいてもらう必要がある。

行動を促す
顧客が購買に向けて行動（Action）を起こす前に、値引きなどの販売促進策を通じて顧客が製品を欲する（Desire）必要がある。

「マーケティングの仕事には**終わりがない**。**永久活動**と同じようなものだ。私たちは……**革新し続け**なくてはならない」

ベス・コムストック、元ゼネラル・エレクトリック社副会長兼CMO、2014年

ブランディングの価値

一般に顧客は好きなブランドや親しみを感じるブランドの製品やサービスは自信を持って購入することができる。顧客にとってブランドは、組織全体の独自性と価値観を具現化したもので、組織はそれらを維持するよう努めるべきである。組織にとっては、ブランドの価値観が顧客対応法のすべての面を支えるべきである。このことは製品の品質から、製品を販売する方法や場所、購入時とその後の顧客対応法までおよぶ。

✓ おさえておこう

> **検索エンジン最適化**　組織のウェブサイトをインターネット上で見つけやすくするために使われるデジタルツール。
> **ターゲットマーケティング**　ある市場特有のニーズを正確に把握し、その市場に合わせて宣伝文句を作り変えること。
> **インバウンドマーケティング**　魅力的なウェブコンテンツを通して顧客を引きつけるプロセス。
> **USP（独自の売り）**　ライバル会社との違いを作り出す製品やサービスの質。

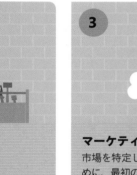

3　マーケティング・キャンペーンを計画する
市場を特定し、製品を開発したら、確実に効果を上げるために、最初の調査に基づいてマーケティング戦略を立てる。

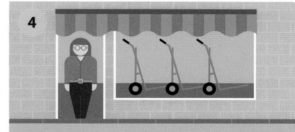

4　場所を決める
製品は適切な小売店、すなわち流通（Place）経路を通して、適切な時期に需要を満たすのに十分な量で顧客に提供される必要がある。

7　製品を売る
広告から最終的な購入・物的証拠（Physical evidence、価値の見える化）に至るまでの購入プロセスの全ての段階で、顧客に価値を確信させなくてはならない。

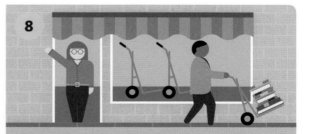

8　顧客を確実に満足させる
顧客を満足させること（Satisfaction）はきわめて重要である。各段階——業務・販売プロセス（Process）——で従業員（People）がどう対応したかが顧客満足度に影響をおよぼす。

取引に勝利するとは？

マネジャーはつねに自分にとって有利に取引をまとめようとするが、相手側を犠牲にしてはいけない。一度限りの取引であるよりは、双方によい結果をもたらす取引が、今後も仕事上の関係を維持していく土台である。

交渉の成功

交渉を進める上で、勝利は単に迅速に取引して次の段階に進むことではない。スタンフォード大学教授ジョエル・ピーターソンによれば、成功する交渉とは、勝ち負けが決まるというよりは、双方が問題の解決に向けて努力する対話である（188-89頁参照）。取引がまとまるようにするためには、双方の関係者が相手側の利益をつねに考慮する必要がある。人はあれこれと売りつけられるのは好まないが、自分の要求をかなえてもらうのは好きだ。つまり自分が話すよりも、相手の話に耳を傾けるべきである。そうすれば全員の要求をはっきりと理解してもらえる。提案に十分見合う価格設定も重要である。このような理由で、交渉の際に誠

囚人のジレンマ

双方が得をするよう協力するのが理想である。しかし実際にはそうならないことを、応用数学の一分野であるゲーム理論が明らかにした。1950年に米国のメリル・フラッドとメルヴィン・ドレシャーは、仮定のシナリオ「囚人のジレンマ」で、双方にとって最大の利益に思える場合でさえ、分別ある2人の人物は協力しないことを示した。

罪を犯した2人の犯罪者が別々の部屋に拘留される。2人とも相手を裏切った場合、どちらも2年間投獄される。一方が黙秘し、他方が裏切った場合、裏切り者は釈放され、黙秘した側は3年間投獄される。2人とも黙秘した場合はどちらも1年間投獄される。冷静に考えれば、黙秘するのが両者にとり最善の行動である。しかし両者とも、個人としては最善で、集団としては最悪の行動、すなわち、相手を裏切る可能性が高い。

実で信頼できること、そして解決策が
フェアであるよう努力することが取引
決定の重要な部分である。

　協力よりも競争に走りがちな人間の
性質を考慮すれば、オープンで建設的
な交渉は特に重要である。経済学者た
ちは人間のこうした傾向を「囚人のジ
レンマ」としてモデル化し、一方にと
っての最善の結果は利己主義を招くだ
けで、決して達成されないことを示し
た（下記参照）。

取引の成立

契約をうまくまとめる能
力は不可欠である。会議
が順調に進んでも、関係
者全員が合意に達しなけ
れば契約は成立しない。そのために
は対面か電話でフォローアップ会議
を開くことが必要になるだろう。この
時点では、一方が取引のすべてのポ
イントを要約し、他方に合意する用意
があるかたずねる。その際積極的な
側が黙っていることが重要で、それに
より相手の反応を引き出す。一方が
修正条件を持ち出した場合、他方は
問題解決のためにさらに質問を重ね
る。友好な関係を築くことができれば
取引につながる。

「信頼は成功する
企業取引のための
潤滑油である」

ジョエル・ピーターソン、2018年

囚人A自白
警察に自白して囚人Bを裏
切る代わりに、囚人Aは釈
放される。

囚人B黙秘
黙秘したにもかかわらず、
囚人Bは囚人Aに裏切られ、
3年間投獄される。

囚人A黙秘
黙秘して囚人Bを裏切るの
を拒む代わりに、囚人Aは
1年間投獄される。

囚人B黙秘
黙秘して囚人Aを裏切るの
を拒む代わりに、囚人Bは
1年間投獄される。

戦略的思考

マネジャーはつねに組織の戦略——将来どのような組織になりたいのかというビジョン——を念頭におき、毎日の意思決定のすべての側面を関連づけなくてはならない。

戦略の策定

戦略的思考はマネジャーの役割の重要な面である。長期の目的（ゴール）を特定し、それを達成するにはどうすべきか決定する。戦略的思考のためにさまざまなツールがある。SWOT分析は、強み（Strengths）と弱み（Weaknesses）、機会（Opportunities）、脅威（Threats）を特定し、意思決定に役立てる（104-105頁参照）。PESTLEのフレームワークは広範な外部要因を分析するのに効果的なメソッド（下記参照）だ。BCGマトリクスは組織内の可能性に焦点をあてる（右下のコラム参照）。これらのツールを合わせて用いることで、有効範囲が広くさまざまな状況に適応可能な戦略を構築することができる。

PESTLE分析

PESTLE（政治・経済・社会・技術・法律・環境）という分析ツールは、組織に影響をおよぼす外部要因をマネジャーが分析するのに効果的な手法である。それはあらゆる決定が、希望的観測ではなく現実に基づいていることを保証する。理想を言えば、その結果得られた戦略をマネジャーは組織全体に伝え、つねに最新のものにしておくために定期的に見直すべきである。PESTLE分析には別の要因を用いたバリエーションが多くある。

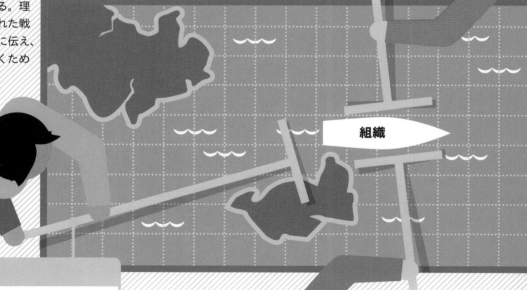

政治（P）と経済（E）

政治と経済の情勢を評価する。外交関係がこじれている国では事業がどんな影響を受けるだろうか？　為替相場に何が起きるだろうか、インフレが起きる可能性は？

社会（S）と技術（T）

社会的要因と技術的要因の影響を見定める。製品やサービスを求める購買層の需要は増えているのか、それとも減少しているのか？　経営を合理化するために技術を役立てられるか？　技術の進歩は脅威をおよぼすか、それとも機会をもたらすか？

組織

戦略を作り出すのはだれか？

戦略は上級管理者単独の責任とされるのが常だったが、カナダの経営学者ヘンリー・ミンツバーグは、戦略は組織のどのレベルからでも生じる可能性はあると主張する。組織の各レベルでマネジャーがより多くの従業員を参加させれば、それだけアイデアの数も多くなり、コミットメントも強くなる。しかし戦略は組織全体のためだけではない——管理単位や職務、部署ごとにそれぞれ戦略を必要とする。

✓ おさえておこう

> **戦略**は、長期の目的（ゴール）に的をしぼる。
> **戦術**は、長期の目的を達成するためにマネジャーが取る必要のある短期の活動にかかわる。
> **戦略と戦術**について、古代中国の兵法家、孫子はこう述べた。「戦術なしの戦略は勝利に至るには一番遠い道である。戦略なしの戦術は敗北を前にしたたわごとである」。

「〔敵を知り〕己を知れば百戦あやうべからず」

孫子、古代中国の兵法家、紀元前5世紀頃

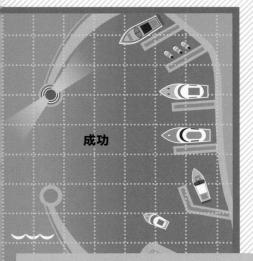

成功

法律（L）と環境（E）

法律と環境に関する状況を調査する。将来の法律制定や規制の変化が組織に影響をおよぼす可能性はあるだろうか？ 組織に確固とした環境戦略があって、その活動は持続可能性の必要条件を満たしているか？

BCGマトリクス

1968年にボストン・コンサルティング・グループ（BCG）によって開発されたBCGマトリクスは、製品やサービス、機能の戦略を定める際にマネジャーが利用できる。「花形（スター）」に分類される製品やサービスは、大きく成長しており、市場占有率も高いため、投資しなければならない。「金のなる木」は、成長は鈍いが市場占有率が高いので、利益を搾り取る。一方、「問題児」は、高成長の可能性を秘めているとはいえ、目下のところ市場占有率は低いため、さらなる分析を進める。「負け犬」は成長率も市場占有率も低いので、売却する。

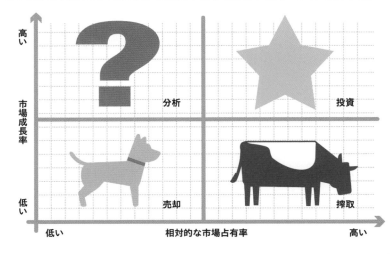

効果的なプランニング

組織の成功は徹底的なプランニングの結果からもたらされ、決して幸運だけによるものではない。将来こうありたいと望む地点に到達するには、取るべき行動方針や、途中でかかわりがあるすべての局面を、あらかじめ綿密に計画しておく必要がある。

成功のためのプランニング

なんらかの目的を達するためには、どのような経営資源（時間、資金、人材、設備など）が必要かを見極め、これらを調達し、効果的に配分する必要がある。マネジャーは重要度によってなすべきことに優先順位をつけ、達成までのスケジュールを打ち立てるべきである。モニタリングプロセスを設けることで、目的に向かってどれくらい進展しているかを評価し、目標期限内に確実に目的を達成させることができるだろう。プランニングプロセスの一部として不確実性を受け入れ、計画が将来の出来事によって狂わされることがないよう、実現可能な別の行動方針を準備しておく必要もある。明確なプランを持つことで、従業員の団結を強め、全員が共通の目的へ向かって働いていると感じるようになり、関係者全員の理解とコミュニケーションが促進される。

プランニングの4つの型

組織をうまく管理するために、マネジャーは長期計画と短期計画の両方を立てる必要がある。もっとも適用範囲の広い計画が戦略プランニングで、潜在的な市場の変化など、組織の目的達成を妨げる重要な外的要因が評価される。戦略プランニングの中でもっとも包括的なのがシナリオ・プランニングで、将来起こりうる状況が検討評価される（右頁右下のコラムを参照）。それから戦術プランニングが、着手しなければならない具体的な行動を明確にするために使われる。一番緊急性の高い計画はオペレーション・プランニングで、マネジャーはこれによって製品の製造やサービスの提供の仕方など、組織が日々仕事をする方法を詳細に記す。しかし、将来に向けてどんなに計画を立てても、未知の問題を防ぐことはできない。したがって、組織を円滑に運営するためには、各計画段階に備えた緊急時対応計画をマネジャーが立てておくことが重要である。

戦術プランニング

マネジャーは「今何が起こるはずか」を問い、長期の目的を達成するために短期の目標を設定・計画する。

戦略プランニング

ある事態が生じた必然性は何かという問いに戦略的に対処する。上層部からの組織の考察や、組織が将来どうありたいか、といった内容も含む。

事例研究

ロイヤル・ダッチ・シェル（シェル）

シナリオ・プランニングの重要性は1970年代にシェルによって認識された。この時石油市場は石油産油国のカルテルOPECの成立でひどく不安定化していた。シェルはすでに1960年代から将来起こりうる事態を想定した「仮定（What if）」のシナリオで対処法を研究していたので、ライバル企業に比べ経済の大混乱に耐える準備ができていた。同社はその後も引き続き、低炭素未来や、気候や洪水のリスクの増大に備え、さまざまな「シェル・シナリオ」を練っている。

「**シナリオ・プランニング**とは、**変化が加速**する状況において、**本来の起業家**としての**独創的に先を見通す力**を**再発見する**ための訓練である」

ピエール・ワック、ロイヤル・ダッチ・シェルでシナリオ・プランニングを開発、1985年

オペレーション・プランニング
（業務計画）

組織の日常の業務面に関する計画は、何をすべきか、またどのようにすべきか、継続している計画を明確に述べる必要がある。

緊急時対応計画
（コンティンジェンシー・プランニング）

不測の事態のための計画は、予想外の出来事が起こった場合に取るべき他の行動方針の準備を意味する。

シナリオ・プランニング

将来起こりうるさまざまな可能性と、ある特定の問題に関してそれぞれのシナリオがおよぼす影響を検討することが目的である。大ざっぱなきまりは、幅広い結果を得るために、少なくとも4種類の「仮定」のシナリオを作ることである。とはいえ、人口動態などデータに基づいた変数は、推測（将来の経済状況に関する推測など）に基づいた変数よりも信頼性が高い。

破壊的なテクノロジー

あらゆる組織が、基本的なコミュニケーションや製造プロセス、サービス提供の一環としてテクノロジーに頼っている。しかし、テクノロジーは進化するにつれ、機会と脅威の両方をもたらしている。

飛躍的な変化

テクノロジーを最新のものにしておくことは、組織が効率よく業務を行い、競争力を保ち続ける上で欠かせない。しかし同時に、刻々と進化していくテクノロジーが組織の製品やサービスにどのような影響をおよぼすか、予測しておくことも重要である。

自動車の着実な進化に見られるように、テクノロジーは改良を重ねることで徐々に発展していく。とはいえ、

2000年代初めにフィルムに取って代わったデジタル写真のように、突如として急激な変化が起きる場合もある。従来の価値基準を打ち壊すほどのインパクトのある、予想外の新商品のことを、米国の大学教授クレイトン・クリステンセンは「破壊的なテクノロジー」と名づけた。こうした革新的技術は、あらゆる産業を再編する力を持つ。既存の製品やブランドが急速に時代遅れになり、駆け出しの新興企業が世界的な大企業となる可能性がある。

新たな働き方

クラウドコンピューティング ── オンラインでのソフトウェアやファイル、情報の管理 ── は、マネジャーにとって破壊的テクノロジーがおよぼす影響の例証である。かつては、組織が使っていた重要なデータやプログラムはそれぞれのコンピュータとローカルサーバーに保管されていたので、利用する従業員の大半は職場のデスクに縛りつけられていた。現在ではそれらの資源がオンライン化されたので、従業員はインターネットを通じて必要なものにアクセスできるようになり、勤務形態や勤務場所、勤務時間が柔軟になり、多様化している。クラウドは職場以外でも、IoTと呼ばれる「スマート」機器を通じて日常生活に革命をもたらしている（42-43頁参照）。クラウドを経由して結びつけられたスマート機器は、利用者の家のシステムの遠隔操作を可能にし、暮らしをさらにいっそう自由に快適にする。

クラウドが登場する前の仕事と余暇
ローカルサーバーを使っていたので、従業員は決まった場所での勤務時間に制限されていた。スマートフォンなどモバイル機器の性能は保存できるデータの量が制限された。

破壊的テクノロジーはマネジャー自身の組織にさまざまな形で影響をおよぼす可能性がある。第一に、現在組織で使われている技術が旧式、あるいは不要なものとなり、新たな備品への投資が必要になるかもしれない。ライバル企業がすぐに新しい技術を導入した場合は特にそうだ。最新技術を導入することにはメリットもあるが、その一方で、新たなやり方が実行に移されれば、従業員は再訓練され、新たな業務をこなさなくてはならず、混乱する場合もある。第二に、現在の製品を市場に出せなくなる可能性がある。代わりの市場を開拓するか発見できない限り、組織の存在そのものがおびやかされる。

　破壊的テクノロジーによって恩恵を得る —— あるいは損害をこうむることを防ぐ —— には、マネジャーは注意を怠らず、しかるべく対処する体制をととのえておく必要がある。だが、まずは新しいイノベーションを入念に調べた上で —— それ自体すぐに追い越される可能性がある —— 採用するか、それとももう少し定着するまで待つかを判断するべきだろう。軽挙妄動は慎んだ方がよい。

事例研究

アップルとネットフリックス

アップルとネットフリックスは、どちらも革新的な新興企業のよい例だ。アップルは文書を処理するための単なる道具としてコンピュータを利用していた既存の技術から飛躍して、まったく新しいコンピュータの利用法を生み出した。ネットフリックスは1997年にDVDを郵便で送る独自のビデオレンタル方式に着手した。その後インターネットを通じた動画配信サービスを提供することで自分たちが確立したモデルを崩壊させ、2019年末までに1億5,100万人の加入者を得た。

クラウドコンピューティング

「クラウド（雲）」とは、ユーザーがローカルコンピュータのハードドライブの代わりにリモートサーバーを利用してデータの保存とアクセスができるインターネット空間である。

モバイル機器がもたらした新世界

オンラインでソフトウェアやデータにアクセス・保存できるようになったおかげで、移動中や外出先でのモバイルワークが可能になった。スマートフォンはデスクトップコンピュータに引けを取らない性能を備えるようになった。

モデム

ファティマ：デリーのチームがアップデートした最新の売上表とビデオを見た？

マッテオ：はい、今、表を見ているところです。PDFに変換して販売報告書に添付します。

ファティマ：すばらしい、会う前にビデオを編集する時間はある？

マッテオ：大丈夫です、先にスマホのアプリをアップデートする必要がありますけど。

ファティマ：明日都合よければ、私といっしょにドイツのマネジャーたちとのビデオ会議に参加しない？

マッテオ：すみません、明日は自宅で一日中他のクライアントの仕事をすることになってます。スケジュールを確認します。

学習する組織

組織が成長するためには、学習する文化をはぐくむ必要がある。経験を通じて学び、得られた知識を共有することで、組織はよりよくなり、発展し続けることができる。

向上するために学ぶ

変革の時代、マネジャーと従業員はすばやく順応する準備ができていなければならない。たとえば、ライバル会社の動きや、新たな技術の発展に対応する必要がある。すばやく変化して可能性を増やす能力は学習することで大いに高められる。しかも、だれもが知識を生み出し、習得し、共有する文化をマネジャーが確立することは組織の成功に大きな影響がある。

学習が盛んになるためには、従業員がミスで叱責されるのではなく、ミスから学ぶことができる協力的な環境をマネジャーがはぐくむ必要がある。従業員は意見を表明することを奨励されるべきであるし、仕事で貢献をしたなら評価されるべきだ。組織内の指揮命令系統が比較的少ない、フラットな管理構造であれば、このことは促進され、マネジャーが個々の従業員の意見を聞きやすくなる。どのレベルの従業員も何が起きているか理解できるよう、マネジャーは明確かつ率直に意見を交換し、個人的利益のために情報を隠すのではなく、確実に情報が共有されるような仕組みをととのえるべきである。

センゲの5つの規律

ピーター・センゲが1990年に出した本『最強組織の法則／学習する組織』で「学習する組織」という概念が広まった。「学習する組織」とは、学習を促進し、その学習を絶え間ない変化のために利用する組織のことを指して言う。センゲの5つの原則、あるいは「規律」は、学習する文化を作ろうとするマネジャーにとって役に立つ。第五の規律がシステム思考で、他の4つを集約するものである。

> **「学習を通して、**
> われわれはできな
> かったことをでき
> るようになる……
> **創造する力を伸ば**
> **すのだ……」**

ピーター・センゲ、『最強組織の法則／
学習する組織』、1990年

メンタルモデル
何が起きているのか、どのように機能しているのか、人間の認識の基礎となる思考プロセスは、ポジティブにもネガティブにもなりうる。よいマネジャーはこの思考プロセスを明らかにする。

自己マスタリー
個人が積極的に学び、学んだことを応用しようとすることを自己マスタリーと呼ぶ。マネジャーはチームメンバーが迅速かつ継続的に学習することを奨励すべきである。

どのように学ぶか

人はそれぞれ異なるやり方で学習する。マネジャーはこれらの「学習スタイル」（208-209頁参照）を考慮に入れ、さまざまな学習の機会を従業員に提供する必要がある。たとえばチームの中には、グループで学習するのが最適な人もいれば、人前で披露する前に一人で練習することで完璧に仕上げるのを好む人もいるだろう。

練習

気楽な状況で練習することで、完璧に仕上げることができる。

正規の課程

講習を受けさせたり、会社の費用で大学を卒業させたりするのにふさわしい人もいるだろう。

他の人から学ぶ

他の人を観察して彼らの経験から得ることは学習を強化するだろう。

グループ学習

アイデアを出し合って、率直に考えを述べたり他のメンバーから学んだりすることは非常に有益である。

他の人に教える

人に教えることで自分自身の知識について深く考えるようになり、見識が得られる。

システム思考

組織は、調和して機能するべき、相互依存する複数の構成要素から成り立っていると理解すること。

チーム学習

聴くこと、他人から学ぶこと、共有することが学びの共有の秘訣である。マネジャーはそのために、信頼し合える環境を作り出す必要がある。ベストプラクティスを

ビジョン共有

ビジョンの共有は意欲と学習の機会を提供する。マネジャーは会社のビジョンを従業員が受け入れるよう奨励すべきである。

5つの力

経済学者のマイケル・ポーターは、あらゆる産業に影響をおよぼす5つの競争要因を明らかにした。彼が提唱した5つの競争要因モデルを使うことで、組織が競争に打ち勝つための能力を見極めることができる。

競争の本質

組織の成功におよぼす重要な力の一つが競争である——競争は同じような製品やサービスを供給する競合企業の数と活動により激しさが決まる。したがって競争相手が何を行っているか知ることが重要である。1970年代、マイケル・ポーターはライバル企業以外の競争要因を定義することで、競争という概念をさらに突き詰めて考えた。1979年に『ハーバード・ビジネスレビュー』誌で発表されたポーターの論文「競争要因がいかに戦略を形作るか」は、これらの競争要因に気づくことで、市場の中で組織が現在占めている位置を理解し、その結果、より多くの利益をもたらし攻撃に強い地点を目指すことができると説いた。

ポーターは、市場を引きつけ、ニーズを満たし、最終的に利益を獲得する組織の力に影響をおよぼす5つの力を特定した。5つの力のモデルは十字の形で表現されることがある。既存の競争相手——もっとも明白な力——が中心で、そのまわりに他の4つの力が位置する。買い手（バイヤー）とサプライヤーの交渉力は一組の補完する力を形成し、図の反対側に位置する。新規参入してくる可能性のある企業と代替製品がもう一組の力を形成する。

乱気流に乗り入れる

ポーターのモデルは航空業界にぴったりとあてはまる。5つの力が競争を激化させ、業界の利益率は低い。既存のライバル企業はどこも価格を競うため、顧客は最安値の会社を選択する。航空機メーカーや空港などのサプライヤーは利益の大半を奪い取る。新規の参入業者は運賃を低く設定することが多い。加えて、電車、バス、自動車など、代替輸送機関も利用可能である。

サプライヤーの交渉力
代替品が少ない、貴重な備品や高価な機器を供給する業者はより高い価格を要求できる。

✓ おさえておこう

> **低い収益性**は参入障壁の低さや数多くの代替製品の存在、競合の激しさ、強力な売り手、強力な買い手と関連がある。
> **高い収益性**は参入障壁の高さや数少ない代替製品、弱い競争相手、力のない売り手、力のない買い手と関連がある。
> **もっとも強い**競争要因が業界全体の収益性を決定する。

ブルー・オーシャン戦略

ブルー・オーシャン戦略（BOS）とは、W・チャン・キムとレネ・モボルニュが提唱したマーケティング理論で、彼らの著書の題名にもなっている。BOSは、既存の市場で競争する代わりに競争者のいない市場を探すほうがよいとする。新たな需要を作り出し、競争をなくすことで市場の支配を握るという考え方である。BOSの好例がネットフリックスである。同社は、映画やテレビ番組をインターネットを通じて貸すという、当時は他の誰もやっていなかった事業を始めたことで、競争者のいない市場空間を作り出した。

新規参入者の脅威

新たな企業は既存の企業から市場のシェアを獲得するが、専門技術などの限界によってその力は制限される。

清涼飲料業界

清涼飲料業界では5つの力は比較的弱い。巨大ブランドが自社製品を広く流通させることで、代替製品の脅威を制限しているからだ。たとえば、自社の商標のついた自動販売機を設置することで、競合する企業が同じ場所で製品を売ることができないようにしている。対照的に、ドクター・ペッパーの製品は一番売れているコーラのセグメント化を避け、限られたフレーバーを維持し、大規模に売り込むことで弱点を最小限にした。

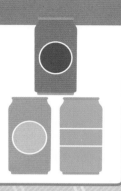

既存の競争業者間のライバル関係
〔業界内の競合〕

ライバルの数と影響力は利益を圧迫するかもしれないが、独特のブランドアイデンティティが市場シェアの獲得に役立つ可能性はある。

買い手の交渉力

影響力を持つ、あるいは多様な選択肢のある買い手は、自分たちが支払う価格を下げるために圧力をかけるだろう。

代替製品やサービスの脅威

類似製品やもっと魅力的なサービスがどこでも入手可能であれば、価格は下がるだろう。

「成長──そして、生き残り──の秘訣は、互角の競争相手からの**攻撃に強い**ポジションを確保することである」

マイケル・ポーター、『ハーバード・ビジネスレビュー』誌、1979年

ギャップ分析

現時点でのパフォーマンスを当初の計画と比較し、その間の差「ギャップ」を分析することで、マネジャーは組織内部の弱点を特定して対処することができる。

改善をマネジメントする

　戦略プランニングの一形態であるギャップ分析は、現状を当初予測や求められた成果と比較することで、マネジャーの責任領域の現在の「状態」を評価することから始まる。これを行うことで、組織の戦略や潜在能力、資源の中で欠けているものや弱い部分を明らかにする。現状を、目標とする状態と比べることで、そのギャップを埋めるためにどんな手段を取る必要があるか決定できる。

　ギャップ分析はさまざまな管理状況——人事管理から予算やスケジュールの管理まで——で、さまざまな問題を評価するために用いることができる。たとえば、スポーツクラブの会員数が減り、会費の目標を達成できない場合や、クラブが提供するコーチの指導の質が著しく低下している場合、ギャップ分析が、より効果的な管理システムやアスリート育成システムの特定と実施に役立つだろう。あるいは、酪農場で定期的に飼料が不足するのであれば、在庫管理システムに改善が必要なことを示しているかもしれない。チームのメンバーの間で業績に差がみられるなら、ベストなやり方を特定するのに役立つだろう。

ギャップを埋める

ギャップ分析は当面の改善と長期の改善をもたらすために使われる4段階のプロセスである。これを成功させるために、マネジャーは組織の現在のポジションを理解し、将来のために明確な目標を設定する必要がある。

現在
低い効率と乏しい利幅

イシューベース・プランニング

イシューベース・プランニングは、組織内の課題（イシュー）の分析に使う場合に効果を発揮する。新興の組織や経営資源の乏しい組織のマネジャーに適する。

❯ 不十分な資金や顧客満足度の低さなど、喫緊の課題を特定する。
❯ 個々の課題に取り組むため、担当者の割り当てを含め、半年から1年の行動計画を取り決める。
❯ 行動計画を実行し、進捗を定期的に追跡調査する。

課題が解決すれば、より広範で複雑な戦略計画モデルを採用できる。

「成功するためには、**個人的な計画**を、持っているものではなく、**望むもの**に集中させなくてはならない」
ニド・クベイン、ノースカロライナ州ハイポイント大学学長

1. **分析する範囲とまだ達成されていない目標を明確にする。**どの管理職能が低下しているか立証し、流れを変える方法を突き止める。

2. **現在の状態を明らかにする。**従業員の離職率や機器の故障の割合などの定量的なデータと、顧客の反応などの定性的なデータを分析する。

3. **将来像をはっきりと描く。**従業員のため現実に即した達成可能な目標を考案し、組織が効果的にうまく機能するようにする。

4. **ギャップを埋める。**現在の状態を将来像と比較し、再び軌道に乗せるのに役立つ対策を明確にする。

VRIO フレームワーク

組織の強みと弱みを判別するには、VRIO フレームワークが役立つ。このツールは組織の経営資源と潜在能力に関する次の4つの質問を順番にしていくことで、組織の競争優位性を明らかにする。経済価値（Value）を増し、組織全体の業績を高められるか。希少性（Rarity）があり、需要があるか。競争相手は容易に模倣できないか（Imitability）。組織の内部で十分活用されているか（Organization）。得られた結果はギャップ分析の一部として、あるいは組織の戦略の方向性を変えるために用いられる。

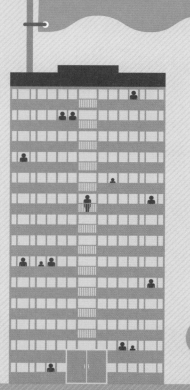

将来
20%の効率アップと
25%の利益増

ベンチマーキング

ベンチマーキングとは、チームや企業のパフォーマンスを向上させるために、成功している競合他社を研究し、自社の業務プロセスの改善につなげる手法である。

基準を定める

社内の他のチームや他の企業が成功している方法を理解することは、どのマネジャーにとっても重要である。ベンチマーキングと呼ばれる手法を使えば、同じ業界でトップを走るライバル会社と自身の会社の主要な側面を比べることで、自社の弱点を特定することができる。

この手法を使う際は、まず適切なベンチマーク先 —— 真似をしたいライバルチームや競合会社 —— を決定する必要がある。次に対象企業のパフォーマンスを調べる —— 製品の品質や顧客満足度、収益性など、具体的な分野を比較する。さらに製品・サービスの生産方法や納入方法など、対象企業が用いているプロセスを調べるべきだ。最後に、対象企業の組織戦略と、その組織が用いていて成功を裏づけるベストプラクティスを分析する。対象企業を研究したら、学んだ成果を自分たち

プロセス

ベンチマーキングの際にマネジャーが従うことになる厳密なプロセスは、組織の性格や競合の性質、ベンチマーキングを行う目的によって異なる。中でも重要なのが、自分の組織の弱点を明らかにすること、現実に即したベンチマークを設定すること、そして2つの組織の隔たり〔ギャップ〕を調べることである。行動計画が決まったらすぐに、その成果が達成されていることを確かめるために調査すべきである。

の状況にあてはめ、改善計画を実行に移す。

内部の調査

組織の内部で用いられる場合、ベンチマーキングによって社内のあらゆる

レベル —— 部署間、チーム間、社員の間 —— で比較が可能になる。この場合もその目的は、一方の長所と他方の短所を明らかにすることであり、その後で短所の克服に取り組むべきである。このプロセスは特に、多様な地域

弱点を見極める
犬の散歩代行業をしているラウールの顧客は多くない。自分の飼い犬の見た目があかぬけないことが原因で、客に敬遠されているのではないかと懸念している。

1

ベンチマークを定める
ラウールが自分の犬を商売敵の犬と比較したところ、向こうの犬の方が、はるかに感じのよい印象を客に与えている。

2

データを集める
さらにラウールは、飼い犬の見た目をよくするのに最適な方法を見つけるため、調査を行う。

ペットサロン

4

計画を練る
調査に基づいて、ラウールは飼い犬の見た目をよくするための詳細なプランを決定する。

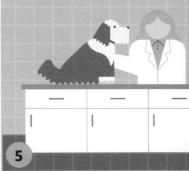

5

で操業している会社、複数の製品/サービスを提供している会社に有効である。ベンチマーキング手法をマーケティング、財務、人事などの分野で新しい技術を導入するのに用いることができる。同様に倫理基準の策定にも用いることができる。

✓ おさえておこう

› **ベンチマーキング・ギャップ**　会社と、目標とするベンチマークとのパフォーマンスの差。マネジャーは、このギャップを埋めることを目指すべきである。

› **「最高クラス」**　ある業界で達成された最高水準のこと。他の会社にとっての基準（ベンチマーク）を示す。

🔍 事例研究

F1

自動車レースの最高峰、F1の世界は競争が激しく、コンマ数秒が勝敗の分かれ目となる。したがって、ピットストップ〔レース中に給油やタイヤ交換のためにピットに停車すること〕の時間を減らすことがきわめて重要である。2012年には、上位のチームがレーシングカーの4本のタイヤをすべて交換するのに2.4秒かかっていた。その後このタイムは大幅に短縮された。これを達成できたのは、一つには、上位のチームが何をどのように行っているのか、他のチームが徹底的に研究したからである。現在では1.9秒以内でタイヤ交換が可能である。

違いを特定する

ベンチマークを設定したら、ラウールはどうすれば自分の犬がもっと魅力的になるか、突きとめる。

行動とモニタリング

ラウールが計画を実行に移し、飼い犬の毛並みをきれいに整えたところ、新たな顧客を獲得した。今では飼い犬を常に清潔に保つようになった。

「私は今でも**自分のすべきことを知る**ために懸命に働く。常に自分が経営するすべての会社を**改善する方法**を探している」

マーク・キューバン、米国の起業家で大富豪、2011年

持続可能性（サスティナビリティ）

持続可能なビジネスは、環境と社会によい影響を与える。多くの企業が持続可能性を会社の経営戦略に組み込んでいるのは、社会にとって良いことを行うと、投資家を引きつけられると知っているからだ。

責任ある経営

責任をもって経営するということは、実のところ何世紀にもわたりマネジメントの一部であった。1800年代後半、米国のピアノ製造業者のジョージ・スタインウェイは、「労働者に人間らしく生きる機会を与える」ため、労働者の住まいをニューヨーク近郊に建設した。1890年代には英国のジョージ・キャドベリが、家族が経営するチョコレート工場の労働者がよい暮らしを送れるよう、ボーンヴィルに住宅地を建設した。両者とも、生活が楽になれば労働者はもっと熱心に働くようになることを理解し、従業員の生活の改善を雇用主の責任と考えた。

1960年代に人間の活動により自然が破壊されることが注目されるようになると、環境保護という新たな要素が出現した。最近では、開発途上国の労働者がおかれている劣悪な状況に対する不満が、組織に圧力をかけて活動の責任を取らせようという動きにつながり、フェアトレードなどの新しい試みへの支援を増やしている。持続可能な企業活動への推進力は業界からも生じている。世界経済フォーラムの報告書は、異常気象などの環境にかかわるリスクを重大な問題とする。

コストを慎重に考慮する

組織が確実に持続可能性を優先して、関連する環境基準を満たすには、マネジャーは4つの基本原則に重点を置くべきである。そうすれば資源利用のアセスメントや、取り決め、モニタリング、公表が確実に行われるようになる。

金　労働者　燃料　原材料　移動

持続可能性の利点

 ＞ 自身の価値観に合う企業や製品、ブランドを支援したいと願う寄付者、消費者、サービス利用者からの支持が増える。

 ＞ CSRの専門家ジョン・エルキントンが提唱する、企業活動を経済面だけでなく社会面、環境面からも評価する「トリプルボトムライン」を優先するマネジャーは組織全体のためになる。

 ＞ 従業員を「パートナーとして」みなす英百貨店ジョン・ルイスのような、エシカルな雇用主のために働く人は、自分の信念のために働いているため、仕事がよくできる。

1 評価
地元のコミュニティと天然資源、サプライヤーが使う資源に対して組織がおよぼす影響を査定する。

2 獲得
従業員とサプライヤー、ステークホルダーのコミットメントを得てから、目標と重要な段階を設定する。

おさえておこう

> **CSR（企業の社会的責任）**
> 社会や環境面での目標達成能力の基準を満たす企業に独自の認可を与える。

> **SDGs（持続可能な開発目標）**
> 国連が持続可能な社会の実現に向けて各国政府や企業に要求した、平等や環境破壊、気候変動など、17の主要分野において2030年までに達成すべき目標。

世界の消費者の **81**%が エシカルな買い物は 重要だと考える

コーン・コミュニケーションズ、エビキュイティによるグローバルCSR意識調査、2015年

3 測定
進捗を評価し、ステークホルダーに報告してから計画を見直し、必要に応じて改訂する。

4 維持
透明性を保ち、組織の方針や成果、目標を公表する。

倫理基準

エシカル（倫理的）な方針を組織の戦略の中心に据えることで、持続可能性はビジネスの優先事項となる。消費者はエシカルな製品やサービスに対しては、割高な価格でも喜んで支払うため、フェアトレードやレインフォレスト・アライアンス、オーガニック認証などの認証評価──商品と業者が環境と通商上の基準を満たしていることを保証──は収益の点でもベネフィットをもたらす。たとえば、2018年に英国の有機野菜の市場は5％拡大したが、それ以外の野菜の売上高は減少した。オーガニック繊維の売上高も18％上昇した。

制約理論

制約理論（TOC：Theory of Constraints）の中心にあるのは、鎖の強さはもっとも弱い輪によって決まる〔全体の能力はもっとも弱い部分以上にはならない〕という考えである。つまり、マネジャーの重要な任務とは、組織の中でもっとも脆弱な部分を特定し管理することである。

不利な条件に焦点を合わせる

制約条件理論は、マネジメントのカリスマ的指導者である、イスラエルの物理学者エリヤフ・ゴールドラットが展開した理論で、著書『ザ・ゴール』（1984年）の中で最初に提唱された。その理論は、どの会社も一番重要な任務は利益を生み出すことであるとの原則に基づいている（非営利組織であっても当てはまる）。ゴールドラッ

トはあらゆる組織をシステム、あるいは1本の鎖とみなした。そして組織の成功は、3つの基本的な尺度で管理される。すなわち、在庫（組織に投資された資金）、運用コスト（在庫を売り上げ高に変えるために使われた資金）、スループット（金が生み出される割合）の3つである。どのシステムも、少なくとも1つは弱い輪、すなわち制約がある。制約が発見され克服されるので

あれば、組織は目標をかなえることができるだろう。この制約がシステム全体に最大の利益を生むことになるから、組織の中でもっとも大きな制約的要因に焦点を合わせることが重要である。たとえば、運用コストを下げることは組織のある部門にとってはよいが、それによって全体が改善されることにならなければ意味がない。

制約条件理論

ゴールドラットは制約（ボトルネック）を生産性のカギとみなした。制約を特定して管理することで、アウトプットは著しく改善される。反対に、制約ではない問題を「修正」してしまうと、資源を間違った部門に配分し、事態をさらに悪化させることもありうる。

上流部門

ここではスループットは正常である。この時点で問題を解決しようと試みれば、事態を悪化させる可能性がある。たとえば、容量の追加によってボトルネックの部分で仕事の蓄積が増えるかもしれない。

「工場全体の生産能力はボトルネックの生産能力で決まる」

エリヤフ・ゴールドラット、『ザ・ゴール』、1984年

集中の5段階

ゴールドラットの集中の5段階は、組織がもっとも重大な制約条件をうまく回避するため、あるいは、制約があっても組織がうまく機能するようにするために使われる。下に挙げたのは、洗濯機を製造する会社の例だが、顧客から製品欠陥の報告が相次いだため、受注が減っている。

1. 特定する
制約が内部にあるのか外部にあるのか、またシステム内部のどこで生じているのか、資源やプロセス、従業員、方針に影響を与えるか、明らかにする。

2. 活用する
利用可能な既存の資源で最大の改善を可能にする。たとえば、修正が必要となる可能性の高い部分に資源を集中させるなど。

3. 従属させる
作業が円滑に進むよう、システムの他のすべてを制約に合わせて再編成する。たとえば、注文に応じられるよう緩衝在庫を増やすなど。

4. 高める
制約を軽くするか取り除く――欠陥のある機械であれば修理か交換をする、あるいは、製品の修理をもっと迅速かつ手軽に行う方法を考案する、など。

5. 立ち止まらない
次に重大な制約を特定し、それを最小限に抑えるか、取り除くために、1から4のステップを繰り返す。事業が続く間、そのプロセスを繰り返す。

ボトルネック

ここがスループット、つまり仕事の流れが制限される箇所である。ここでのトラブルがプロセス全体の効率を下げるが、そのトラブルを修正すれば、問題は解決する。

下流部門

仕事がうまく流れていないので、ここでの効率は低下する。しかしこの時点で変更を加える（生産量の追加など）のは問題の解決に役立たない。

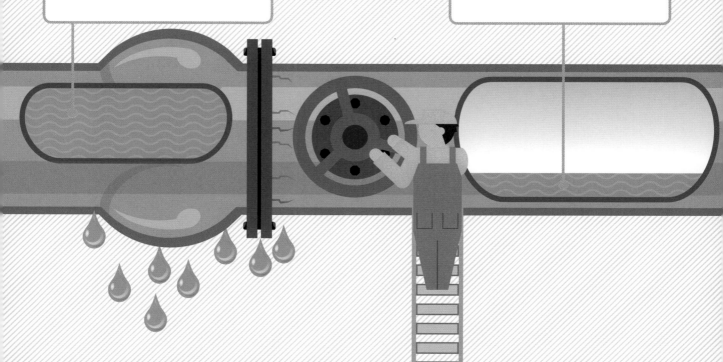

ビジネスケース

すべてのマネジャーが、ある時点で、予定している行動方針の費用と利益を明らかに
するために、ビジネスケースを作成しなければならない。このレポートは、投資すべ
きかどうか決定して計画を進めるのに役立つ、きわめて重要なツールである。

不可欠な概要

ビジネスケースとは、あるプロジェクトやタスクに着手する論拠を要約したもので、適切に構成された文書の形で提示されることが多い。プロジェクトの開始の時点でしっかりとしたビジネスケースを文書にまとめておくことは、マネジャーの重要な任務である。アイデアとプランを整理し、スコープと方向を具体化し、早い段階で食い違いを特定するのに役立つからだ。

ビジネスケースは、根拠に基づいて透明性のある決定を行うのに役立つ。意思決定に必要な情報を提供するため、時間をかけるだけの価値はある。ステークホルダーに対してもプロジェクトの潜在的利益を明確にする。また、公式の目的を評価すると同時に、行動と決定をその目的に集中させるために、プロジェクトを実施するフレームワークを設定する。文書には事業機会、利益、費用、リスク、期限、技術的な解決策、必要な資源が含まれる。地方政府などでは、ビジネスケースが正式な意思決定プロセスの一部となることが多く、より包括的な内容となる。その場合、5項目のケースモデルを用いることができる（下記参照）。

5項目のケースモデル

〔英国財務省の提唱例〕

ビジネスケースの準備のために最適な実践アプローチが5項目のケースモデルである。予算の執行において、戦略、経済、商業、財務、実行の5つの観点からより幅広く検討することで、プロジェクトの包括的な概要を示す。提案の各側面を設定し調査することで、マネジャーたちをより情報に基づいた意思決定にかかわらせることができ、さらに限られた成功のチャンスで計画を試してみることにより、資源を無駄にするリスクを減らせる。費用対効果分析の実行や、投資収益率の計算（右上コラム参照）はすべて、健全なビジネスケースを作り上げる上で欠かせない。ビジネスケースをまとめることで、実行に移されるどのプロジェクトも、その目標を達成できる見込みが高くなる。

戦略ケース

これはプロジェクトが組織の要求を満たすことを示す。

❯ 十分な戦略上の適合性とは、プロジェクトが組織の目的や目標を促進することをいう。

❯ SMARTの頭字語で表される目標設定の手法（148-49頁参照）をプロジェクトの目的を要約するために利用できる。

❯ 変化を支持する有力な論拠は、そのプロジェクトがどれだけ変化する期待や組織のニーズにこたえるかを示す。

商業ケース

これは、プロジェクトが採算が取れることと、取引がどのようなものになるかを示す。

❯ そのプロジェクトが金額に見合った価値があることを示し、新しいサービスやプロジェクトのための基準を用いて適切に構成するべきである。

❯ 適した供給業者が担当し、組織のニーズを満たすことができるべきだ。

✓ おさえておこう

> **投資収益率 (ROI)**
> 投資された金額に対して、投資で発生した利益や損失を測る。

> **正味現在価値 (NPV)**
> 現在の金銭での価値を示すために、投資によって生み出される将来の収入と、投資によって減少する将来の収入を計算する。他の投資の選択と比較することを可能にする。

> **費用対効果分析 (CBA)**
> 利益（便益）を金銭的価値に換算して、費用に見合うか評価する。

「信頼できるビジネスケースが効果的な意思決定の土台である」

KPMG、国際税務や会計コンサルティングなどを専門とする多国籍企業

経済ケース

プロジェクトが金額に十分見合う価値があることを示す。

> さまざまな選択肢を検討した後で、もっとも費用効果の高いものを、最適な選択肢として選び出す。

> 費用と利益、リスクの最適なバランスを検討した上で決定する。

財務ケース

プロジェクトにかかる費用が適正な価格であることを示す。

> 資金調達は、損益とキャッシュフローを含めて、5年間にわたりプロジェクトの資金をどのように調達するかを示す。また資金調達が可能であることと、そのことが確認されていることの両方を示すべきである。

> 新たなモデルや計画の推進と新たなサービスの実現の推定費用を計算しなければならない。またその見積額は現実的かつ適正な価格でなくてはならない。

実行ケース

プロジェクトが効果的に実行に移されること、組織がプロジェクトを生み出す能力があること、適切なシステムとプロセスがすべて整っていることを具体的に説明しながら、実施のための計画を詳しく述べる。

> 資産、設備、必要な人員、実施期間を含め、必要な投入資本（インプット）を一覧にする。

> 法的問題と資産の管理に加え、リスクや技術的問題点と、それを軽減・解決する方法を明らかにする。

変革の理解

急速に変化するビジネス環境に対応するために、組織は適応する用意ができていなければならない。しかし変革は組織に後々まで傷を残すことがある。したがってマネジャーは、変化が従業員にどのような影響をおよぼすか、考慮する必要がある。

激動の時代

変化の時に「元の正常な状態に戻る」ことを望むマネジャーは、変化が生き残りの秘訣であることを理解していない。今日、変化は複雑かつ多方面にわたり、世界のすみずみまで広がっていく。グローバルビジネスはテクノロジーとともに発展している。通信サービスの進化、社会規範の

変化、仕事と家庭の境界があいまいになってきていることにより、21世紀の職場は新たな形を取りつつある。変革マネジメントはこうした激動にうまく対処することを目的とした、スムーズな変化と長期にわたる恩恵を保証する体系的な取り組みである。成功するマネジャーは変化をプロセスとみなす。変化は流動的で、内外の要因に反応して生じる。

現状

動揺
変化に対する最初の反応は動揺が普通である。この感情は長く続かないもしれないが、従業員のパフォーマンスに影響をおよぼすだろう。

否認
動揺の後に否認がくる。従業員は、変化は自分には影響しない、あるいは変化は起きないかもしれない、などと自分に言い聞かせる。

変化の曲線

心理学者のエリザベス・キューブラー＝ロスは、終末期患者についての自らの研究に基づいて、著書『死ぬ瞬間』（1969年刊）で、悲嘆がいくつかの段階を経て変化していく様子を記述した。現在このモデルは、従業員が変化にどう対応するか、また感情が仕事のパフォーマンスにどんな影響をおよぼすかを理解する方法の一つとして、組織に用いられている。この「変化の曲線」は、マネジャーが効果的に意思を伝え、適切なサポートを提供するのに役立つ。キューブラー＝ロスは、このプロセスが長く続くことと、人によりさまざまなやり方で順応することを強調した。

混乱

怒り
怒りが生じると、往々にして従業員は組織の内部に変化の責任を負わせる人物を探す。

恐怖
怒りがおさまると、従業員は変化が避けがたいことを悟るようになる。未知の恐怖で孤立感を抱くかもしれない。

組織変革モデルは無数にある（下記と94-95頁参照）が、つねに重要なのは、どのようにして従業員を新しい状況へ移行するよう促すかという点である。

成功する変化

これまでの研究から、変革マネジメントプログラムの70%はその目的を達成できていないことが明らかになっている。世界的なマネジメントコンサルティング会社マッキンゼーが発表した論文「変わりつつある変革マネジメント」（2015年）によれば、変革が失敗する理由は主に、従業員の抵抗と経営層のサポート不足にあるという。

マネジャーがこれらの落とし穴を避ける方法はいくつかある。従業員の言葉に耳を傾け、個々の役割と関連のある情報を伝達することが重要である。将来起こりうることを考慮に入れることで、変革が実現された時点でもなお当てはまるようにすることができる。強いリーダーシップも成功に欠かせない。変革を指揮する人物は明確かつ断固とした姿勢で従業員を支えなければならない。変化が必要な理由をリーダーが説明し、それを進化ではなく革命と思わせることで、従業員はそのプロセスを理解し、変化を受け入れることができるようになるだろう。

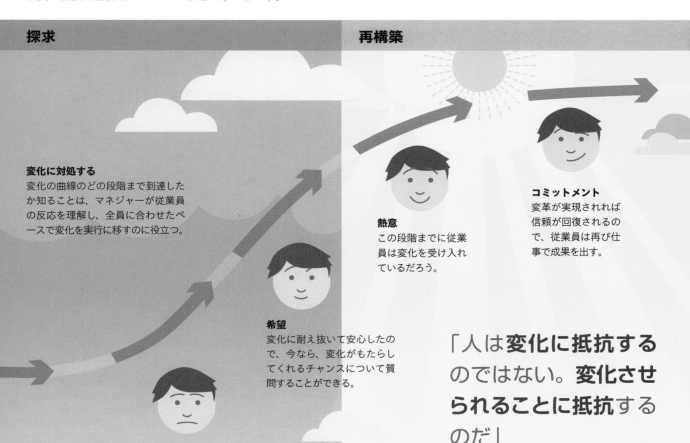

探求

変化に対処する
変化の曲線のどの段階まで到達したか知ることは、マネジャーが従業員の反応を理解し、全員に合わせたペースで変化を実行に移すのに役立つ。

受容
変化の過程にあるという事実を受け入れるのは、従業員が陰鬱な気分を払いのけ、楽観的になり始めるのに役立つだろう。

希望
変化に耐え抜いて安心したので、今なら、変化がもたらしてくれるチャンスについて質問することができる。

再構築

熱意
この段階までに従業員は変化を受け入れているだろう。

コミットメント
変革が実現されれば信頼が回復されるので、従業員は再び仕事で成果を出す。

「人は**変化に抵抗する**のではない。**変化させられることに抵抗する**のだ」
ピーター・センゲ、米国の科学者・作家

変革モデル

変革マネジメントの理論家たちは従業員の感情面に配慮した組織変革モデルを作り出した。これにより、組織は複雑でダイナミックな変革モデルを乗り切れるようになる。

社員第一

初期の変革マネジメントのモデルは、人が喪失と人生の変化に直面した時の対応の仕方に関する研究によって影響を受けた（92-93頁参照）。こうした研究は、変化に対して人がそれぞれ異なる反応をすることを強調していたため、変革マネジメントモデルは従業員のさまざまな感情的欲求を考慮に入れなければならなかった。1962年、新しい考えに適応する期間が人それぞれ異なることを

最初に語ったのは社会学者のエヴェレット・ロジャーズで、新たなテクノロジーや企業、製品、働き方といったものをすばやく受け入れる「アーリーアダプター」という概念を提唱した。アーリーアダプターは変革マネジメントのプロセスで積極的な役割を演じる傾向がある。

クルト・レヴィンの3段階変革モデル（右のコラムを参照）は1950年代からよく用いられているモデルで、今日でも当てはまる。マネジメントコン

サルティング会社のマッキンゼーは1980年代、独自の7Sモデル（96-97頁参照）を開発したが、これは変革を管理する際に重要な7つの要素を示し、変革が従業員におよぼす影響を考慮した。ジョン・コッターが1996年の著書『企業変革力』で発表した8段階モデルは、〔変革に〕不可欠な新たな行動を、成功する組織変革に結びつけるために、もっともよく利用されるモデルの一つである（下記参照）。

> 「あなたが本当に何かを理解したいと望むなら、**それを変えようと努力してみよ**」
>
> クルト・レヴィン、1935年

一歩一歩進める

変革マネジメントの専門家ジョン・コッターは成功する変革プロセスを導くための8段階モデルを提案した。彼が強調するのは変革プロセスのすべての段階で従業員を関与させる重要性で、変革を実行に移す前に、従業員に心の準備をさせる。

1 危機意識を与える

何が起きているか話す。チーム全体が、すぐにも変革が必要なことを理解すれば、変革はよりスムーズに進むだろう。

2 変革推進チームを形成する

明白な支持者を従える力強いリーダーであることで、チームのメンバーに変革の受け入れを納得させる。

3 ビジョンを作り出す

将来はどれだけ現在と異なった姿になるのか、チームが理解できるように、変革に向けた明確なビジョンを作り出す。

4 ビジョンを伝える

ビジョンをしっかりと伝え、できるだけ頻繁に、さまざまなコミュニケーション・チャネルを利用する。

レヴィンの変革モデル

心理学者のクルト・レヴィンが示した3段階の組織変革モデルは、その後多くのモデルに影響をおよぼした。レヴィンは、最初に従業員が変革の必要性を認識する必要があると強調した。その後、変革が実行に移され、完全に統合されるやいなや、新しいやり方は受け入れられ、規範となる。

解凍
従業員の抵抗にあわないよう、変革が必要な理由についての認識を形成する。

変化
目標を設定し、チームと意見交換し、メンバーたちを変革プロセスに関与させる。

再解凍
変革をチームの文化に埋め込み、新しい現状をたたえる。

実行する権限を与える
気が進まないメンバーを支援し、協力する従業員に報奨を与えることで、変革を促す組織構造を築き始める。

短期で成果を出す
大きな長期目標ではなく、短期で小さな成果を次々とあげていくことを目指す。成功はチームをやる気にさせる。

変革を足場とする
常に改善点を探す。小さな成功の一つ一つが、うまくいったことと、うまくいかなかったことを明らかにする機会である。

徹底させる
永続する成功のためには、組織の普段の価値観にビジョンを浸透させ、全従業員が受け入れるよう促す。

ナッジ理論

リチャード・セイラーとキャス・クリスティーンは『実践行動経済学』(2008年)で、変化を強制するのではなく、小さなきっかけで自発的な行動変容を促す「ナッジ」(ひじで軽くつつくの意)理論を説いた。自分に選択の余地がある時、人はあまり変化に抗わない。英政府は政策や公共事業関連の問題に対処するためにナッジ・ユニットを設置した。税金の滞納は長年の懸案であったが、請求書に「大半の人は税金を期日内に収めています」と書き添えることで、税金の納付率は著しく向上した。

7Sモデル

7Sモデルは戦略策定におけるもっとも信頼できるツールとされている。マネジャーが組織の変革する力を左右する重要な要素を理解し、評価するのに役立つ。

相互に依存する要素

7Sモデルは、コンサルティング会社のマッキンゼー・アンド・カンパニーのトム・ピータースとロバート・ウォーターマンの共著『エクセレント・カンパニー』（1982年刊）で詳しく説明されている。その時までマネジメント理論は資源の活用と経営構造に重点を置いていた。しかし組織が成長して大きく複雑になるにつれ、協調関係もまた重要とみなされるようになってきた。

7Sモデルが提唱したのは、組織には目標を達成するために連携させなければならない7つの側面があるという考えである。これは「ハード」面と「ソフト」面の要素に分類される。ハード面の要素は戦略（Strategy）、構造（Structure）、システム（System）で、通常はマネジメントとリーダーシップと関連づけられて、測定可能な目標と実際の任務をともなう。ソフト面の要素はスタッフ（Staff）、スキル（Skill）、スタイル（Style）、共通価値観（Shared values）である。これらもハード面の要素と同じように重要である。チームが目標を達成することを可能にする文化や環境を確立するからだ。7つの側面はどれも等しく重要で、相互に依存しているので、ある要素に変更を施す場合は他のすべての要素と調和させなければならない。

7Sモデルの利用

最初に、7つの要素が互いにうまく連携しているかを調べるために、各要素を分析する。今ではネット上にチェックリストサイトがたくさんあり、質問に答えることで簡単に自己診断できる。次に、組織にとって理想的な連携を特定する。それから、求められる改善点や変更点を明確に示し、実行に移す。

構造

だれがだれに対して責任を負うべきかと、人々の間のコミュニケーション手段を定める組織構造。

スキル

スタッフ一人ひとりが持つ潜在能力と、組織全体の潜在能力。

スタッフ

インターンからCEOまで含めた、組織の全メンバー。

変革のためのプランニング

　7Sモデルはパフォーマンスの問題を明らかにし、現在の状況と、達成しようと望んでいる目標との相違点を際立たせるためにもっともよく利用されている。このモデルを使うことで、改善可能な分野を特定し、変革の予想される効果を予測し、新たな戦術を実行して、混乱に備えて準備することができる。特に、目的と価値観の問題が表面化してくる合併期間に有効である。

必要に合わせた改変

7Sモデルは組織内部の活動だけに焦点を当て、組織外部の重要な活動に対しては比較的わずかしか注目していないために批判されてきた。そうした批判に答えて、2つのS、すなわちステークホルダーとセッティング（背景）が加えられることがある。現在は地球環境に関する懸念が増しているので、さらに新たなS、サスティナビリティが追加されている。

戦略

目標を達成し競争で有利な立場に立つためにもっとも重要なプラン。

システム

スタッフが仕事を遂行するために利用する行動や手続きのすべて。

ハード面の要素

これらは従来は組織運営と関連づけられてきた要素である。ソフト面の要素に比べ、明確に定めて影響をおよぼすのは比較的容易である。

ソフト面の要素

これらの要素は日々の業務より組織の文化を定める。組織と組織に属する人々の目的と集中すべきものを明確にする。

スタイル

マネジャーが自分のチームと情報を交換するときの方法。

共通価値観

組織のミッションと中心的価値観。これらが従業員全員のビジョンと倫理基準を定める。

「会社というのは従業員が一緒に走らなければうまくいかない」

ピン・フー、米国の3Dシステムズ社副社長、2016年

データと情報

効果的でタイミングよく意思決定するには、データを分析し必要な情報を見つけなければならない。きわめて膨大なデータを扱う現代において、最新のデータ管理戦略が欠かせない。

効果的なデータ管理

マネジャーが下す数々の意思決定は、事実に基づいていなければならない。したがってどんな問題に関しても、それと関連した正確なデータへの容易なアクセスと、そのデータを分析して必要な情報を突き止めるための確実な方法が必要である。会社は顧客や金融取引、販促キャンペーン、案内サービスその他に関連した大量のデータを保有していることが多いので、今日、このことが厄介な問題を突きつ

けている。そうしたビッグデータは、企業が効率よく事業活動を行い、新たなビジネスチャンスを利用することを可能にするかもしれないが、より高度なデータ管理が欠かせない。データへのアクセスは最適化された分析モデルによって可能となる。隠れた有用な事実や数字、報告（未処理のデータ）を見つけるために、Eメールやソーシャルメディアのデータの流れなどの徹底的に調べる必要がある。

データを収集する
社内外のデータは従業員がシステムに入力するか、コンピュータを使ってさまざまなソースから収集する。

データを受け取る
データ分析の専門家がコンピュータアルゴリズム（一種の人工知能）を使って、関連分野に入ってくるデータの取捨選択と保存を進める。あらゆる種類のデータをリンクさせるシステムは、さまざまなデータセットを比較可能にするため、もっとも役に立つ。

データの処理
意思決定にあたり、マネジャーはさまざまなトピックに関するデータを調査分析しなければならないため、最新の正確なデータと、高速で効率のよい検索過程を必要とする。完全に一元管理されたデータ管理システムを使えば、検索は容易になり、統計資料の出典を確認したり、類似データを比較したりすることもできる。

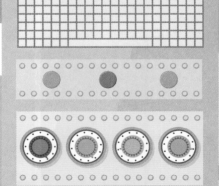

データ、情報、知識、知恵

DIKWモデルは、データ（Data）から情報（Information）、情報から知識（Knowledge）、知識から知恵（Wisdom）が生じることを表すモデルで、ピラミッドの形で示すことが多い。この段階的なデータ分析と解釈の方法は、マネジャーが適切な意思決定を行う上で役立つ。

生データは事実やシンボル、測定値、数字、報告が雑多に混ざっていて、コンテクストなしには意味をなさない。データが情報になるには、人間やコンピュータが整理し、解釈し、真実であると立証する必要がある。社員を解雇するかどうかなど、マネジャーが行う主な意思決定はデータから集められた情報に基づく。

正しい意思決定には知識も必要だが、知識は、情報が受け取られて正しく理解された時に生じる。知識があれば、情報からパターンを読み取って予想ができるようになる。その後は自身の知恵でこの知識を最大限活用できる。

✓ おさえておこう

> **エンタープライズ・データ・マネジメント（EDM）**
> データの定義、統合、修復、管理に関すること。

> **ＥＵ一般データ保護規則（GDPR）**
> ＥＵ域内で個人が特定されうるデータの利用を取り締まる法律。

> **構造化データ**
> 名前や日付など、簡単に分類されるデータ。電子メールのような非構造化データは、それに比べ分析しにくい。

1.7 メガバイト

一人ひとりが

毎秒

生み出す

推定データ量

オンライン消費者行動分析報告『データ・ネバー・スリープ　6.0』、ドーモ社、2018年

データを見直す

データ管理システム内のデータは、マネジャーが必要なものをすばやく検索し、データが最新で正確であることをチェックし、そのデータを情報に変えるために他のデータと比較できるよう、整理されていることが望ましい。

情報に基づいて行動する

効率のよい管理システムは、またたく間にデータを振り分けて、信頼できる情報をもたらす。このおかげでマネジャーはより迅速に決定を下し——たとえば顧客の好みの変化に合わせて——対応することができ、会社に競争優位ももたらす。とはいえ、ほとんどの場合において、データ分析の経験がマネージャに有益であることに変わりはない。

意思決定

マネジャーの資質には、情報が不十分な時でも賢明な判断を下せる能力が欠かせない。明確な意思決定はチームに信頼を醸成し、確実に目的に向かって進むことを可能とする。

分析力か、直観力か？

意思決定に至る過程には、達成しなければならない目標を定めること、必要な情報を収集すること、可能な解決策を見定めること、そして確かな選択を行うことが含まれる。効果的な意思決定を支援するために、合理的な分析と直感という、互いに補完し合うスキルをマネジャーは必要とする。使える時間があって、よく考え抜いた上での決断が必要とされる場合には段階的な分析が役立つかもしれない。しかし多くの組織では、業務の進展のペースに合わせ、マネジャーが限られた情報ですばやく決断せざるを得ない。そうした状況では直観が大事になる。多くのマネジャーにお気に入りの意思決定スタイルがある。詳しい情報と分析に固執するマネジャーがいる一方で、そうすると判断が狂う可能性があると考えて、経験によって研ぎ澄まされた直観に頼るマネジャーもいる。一流のマネジャーは、好みのスタイルを生かしつつ、別のスタイルも開発しようと努力する。

すばやい意思決定

デンマークの組織理論家クリスティアン・クライナーとソーレン・クリステンセンによれば、決断の結果は知識量と反比例する。知識が少なければ決定に及ぼす影響は大きく、知識が多ければ影響は小さい。ある問題に関して最初は多くの情報を求めるかもしれないが、情報が増えても決断結果への影響は小さくなる。不十分な情報しかない場合、判断を先延ばしにすることもあるが、基本的にマネジャーはできるだけすばやく意思決定を行うべきである。

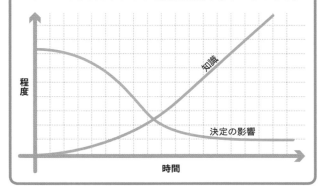

判断を位置づける

複雑な決定を行う時は、まず、決断を下した結果起こりうるさまざまな可能性——意図されたものとそうでなかったもの——を評価することが重要である。それを行う一つの方法が「Yes／No」チャートや図を作成してみることだ。これを用いて自分の考えを示し、関係者たちに自分の決定を説明することができる。

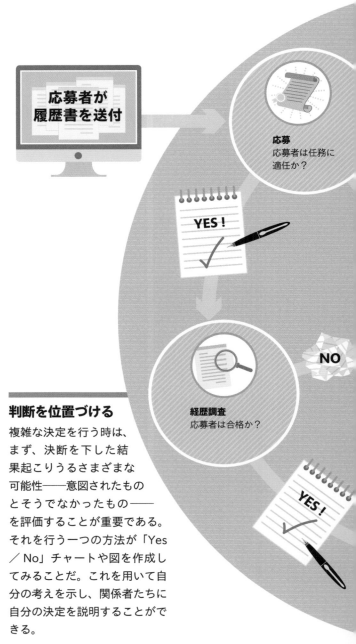

応募者が履歴書を送付

YES！

応募
応募者は任務に適任か？

NO

経歴調査
応募者は合格か？

YES！

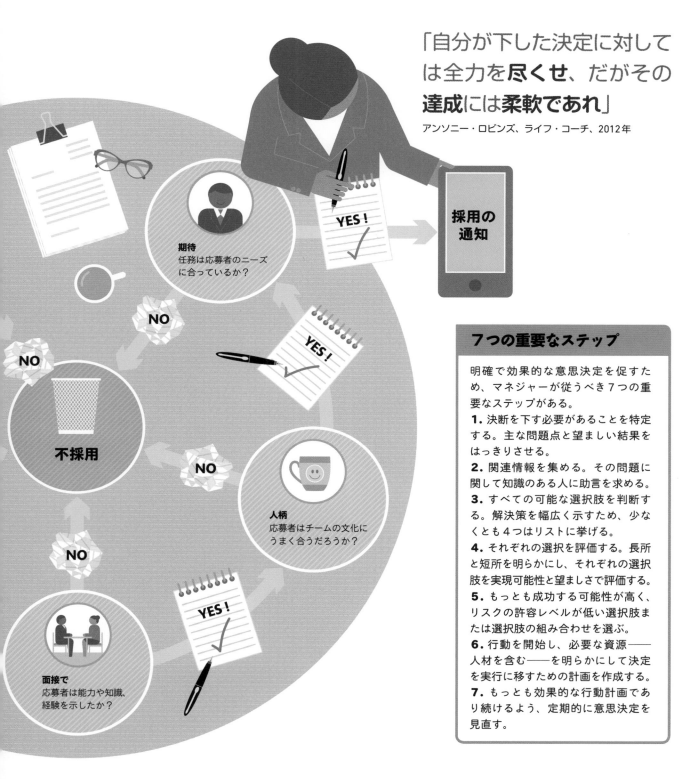

「自分が下した決定に対しては全力を**尽くせ**、だがその**達成**には**柔軟であれ**」

アンソニー・ロビンズ、ライフ・コーチ、2012年

採用の通知

期待
任務は応募者のニーズに合っているか？

YES!

NO

NO

不採用

NO

人柄
応募者はチームの文化にうまく合うだろうか？

YES!

NO

YES!

面接で
応募者は能力や知識、経験を示したか？

7つの重要なステップ

明確で効果的な意思決定を促すため、マネジャーが従うべき7つの重要なステップがある。

1. 決断を下す必要があることを特定する。主な問題点と望ましい結果をはっきりさせる。

2. 関連情報を集める。その問題に関して知識のある人に助言を求める。

3. すべての可能な選択肢を判断する。解決策を幅広く示すため、少なくとも4つはリストに挙げる。

4. それぞれの選択を評価する。長所と短所を明らかにし、それぞれの選択肢を実現可能性と望ましさで評価する。

5. もっとも成功する可能性が高く、リスクの許容レベルが低い選択肢または選択肢の組み合わせを選ぶ。

6. 行動を開始し、必要な資源――人材を含む――を明らかにして決定を実行に移すための計画を作成する。

7. もっとも効果的な行動計画であり続けるよう、定期的に意思決定を見直す。

フォースフィールド分析

成功する組織とはつねに進化している組織である。フォースフィールド分析（推進力と抵抗力の分析）は組織変革の管理ツールである。変革を促す力と変革に不利に作用する力を明らかにするのに役立つ。

プラス方向の力

　フォースフィールド分析の原理は1940年代に社会心理学者のクルト・レヴィンによって開発され、彼の著書『社会科学における場の理論』（1951年）で詳しく説かれた。レヴィンの考えの基礎は、すべての組織には変革を推進するプラスの力と変革に抵抗するマイナスの力が存在するというものである。2つの

力が均衡しているところでは安定していて変化はほとんどない——しかし抵抗力よりも推進力がまさる場合、変革は可能になる。変化が生じるためには、推進力を増大させるか、抵抗力を弱める必要がある。

　どちらの力も組織の内部か外部から生じる可能性がある。外的な推進力としては顧客の需要の増加や新たなテクノロジーの出現がある。一方内部の推進力には、組織の収益を

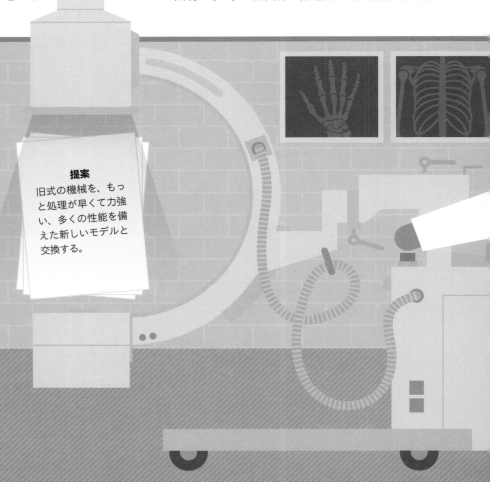

医療機器のアップグレード

ある病院のマネジャーが、医療機器が古くなったため新しい製品に替える必要に迫られている。しかしなかなか簡単にはいきそうにない。ことに厄介なのが、新たな機器を使うにはスタッフを訓練する必要があり、しかも設置の間は診療を中断せざるをえない点である。マネジャーはチームと一緒にフォースフィールド分析を作成し、考慮する必要のあるすべての力を示した。力を1から5までの点数で評価することによって、推進力が抵抗力より勝っていることをチームは理解した。この結果、全員が必要な変革に同意した。

提案
旧式の機械を、もっと処理が早くて力強い、多くの性能を備えた新しいモデルと交換する。

増やす必要性、機器のアップデートや人事異動がある。

　外的な抵抗力には厳しい市場や厳格な規制が含まれる。内部の抵抗力はコストの増大や作業の流れの中断といった要因が考えられる。

変革の管理

　変革に対する従業員の抵抗は一つの大きなマイナスの力となりうる。どんな変化も最初に自分のチームと話し合うことで、マネジャーは抵抗を最小限にすることができる。フォースフィールド分析のダイアグラムをチームと一緒に作成すれば、概要を具体的に示すことができる。まずマネジャーは、チームのメンバーが望む変化の具体的な目標を設定する。その後チームは推進力と抵抗力の両方を明らかにする。それぞれの力を——1（弱）から5（強）の点数で——評価し、双方の合計点を計算する。またどちらの力が影響を受けるか、あるいは変化に対して柔軟性があるかを明らかにする。その後マネジャーが、可能であればチームと一緒に、推進力を強めて抵抗力を弱めるための戦略を立てる。最後に、マネジャーが行動段階に優先順位をつけ、実行に移すために必要な資源を明らかにする。

　フォースフィールド分析の利点は、マネジャーとチームが問題について徹底的に話し合い、懸念を言葉に表し、合意に達するために解決策を出す時間をもたらしてくれることである。陥りやすい過ちとしては、評価が主観的であること、チーム内で変化に賛成する者と反対の者が分裂する可能性、チームメンバー全員が参加しなければ不完全な像になる点があげられる。

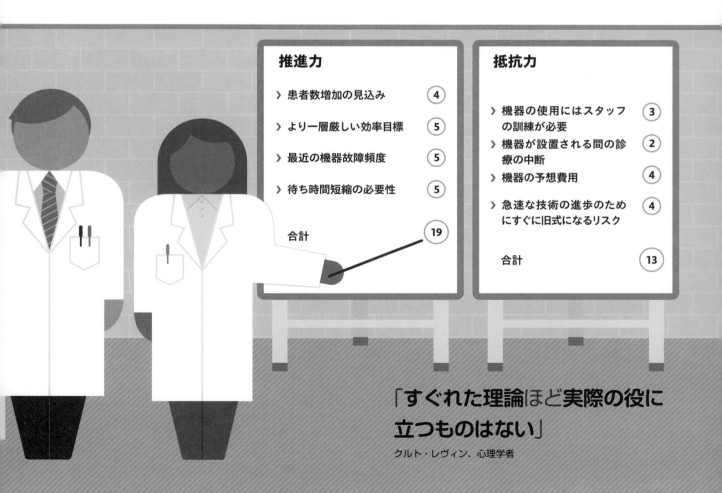

推進力

> 患者数増加の見込み　(4)

> より一層厳しい効率目標　(5)

> 最近の機器故障頻度　(5)

> 待ち時間短縮の必要性　(5)

合計　(19)

抵抗力

> 機器の使用にはスタッフの訓練が必要　(3)

> 機器が設置される間の診療の中断　(2)

> 機器の予想費用　(4)

> 急速な技術の進歩のためにすぐに旧式になるリスク　(4)

合計　(13)

「すぐれた理論ほど実際の役に立つものはない」

クルト・レヴィン、心理学者

SWOT分析

SWOT分析は、事業のあらゆる部門にわたって、パフォーマンスに影響をおよぼす可能性のある内部と外部の要因を特定するために活用できる、シンプルだが有力なツールである。

状況を見渡す

米国のマネジメント・コンサルタントのアルバート・S・ハンフリーがフォーチュン500のデータを用いて1966年に開発したSWOT分析は、組織が直面する強み（Strengths）、弱み（Weaknesses）、機会（Opportunities）、脅威（Threats）を明らかにする、マネジャーにとって有意義で系統だった分析ツールである。日常業務や1回限りのプロジェクトから、新たな事業戦略の開発に至るまであらゆる方向で利用することができる。また長期の市場機会を調べたり、組織の戦略の策定に従業員を関与させたりすることにも利用できるだろう。

SWOT分析を用いるマネジャーは、まず組織内部の強みと弱みを特定することから始めるのがよい。これらはマネジャーや組織が操作可能な要因で、従業員、製品ポートフォリオ、マーケティングの専門知識、製造能力、組織の構造が含まれる。次に、マネジャーは外部の機会と脅威を評価する。これらは組織にはどうすることもできない要因である。顧客の習慣の変化や環境面での持続可能性、経済の見通し、技術の進歩の他、ソーシャルメディア・マーケティング、ネット販売のツールも含まれる。

営業や財務の面での目標など、明確な事業目標を設定することもSWOT分析にとって重要である。内部要因と外部要因を明確にしておけば、それらが事業目標を達成する上で、プラスとマイナスのどちらの影響をおよぼすか評価できる。

PEST分析

PESTは、政治（Political）、経済（Economic）、社会（Sociological）、技術（Technological）の頭文字を組み合わせた語で、ハーバード大学教授フランシス・アギラーが考案したとされる分析法である。PEST以外にさまざまな頭字語で表されるが、組織に影響をおよぼす可能性のある外部要因を明らかにするのに役立つ。PEST分析はSWOT分析に着手する前に行われるべきである。

現況の評価

SWOT分析は事業の拡大など重要な意思決定の際に有効である。フリーダ・フラワーは、職人が焼いたパンとグルテンフリーのケーキを専門的に扱うパン屋を町の北部で経営している。顧客層は常連が中心で、店は繁盛している。フリーダは町の南部に2件目の店舗を開店したいが、そこにはすでにパン屋がある。潜在的なリスクとベネフィットを評価するために、フリーダはSWOT分析を行うことにした。

「リスクを避けるのは**マネジャーの仕事ではない。安全にリスクを引き受けるの**がマネジャーの仕事だ」

エドウィン・キャットマル、ピクサーアニメーションスタジオ共同創立者、2014年

強み

> 高品質の材料
> 差別化された製品
> 既存店での忠実な顧客基盤
> 専門の製パン知識

弱み

> 職人技で手間と材料費がかかる
  ため、小売価格が高い
> 高級な製品は市場が限られる
> 唯一の従業員、フレッドだけに
  専門の製パン知識がある

機会

> 健康によい食が人気を集めつつ
  ある
> オーガニックの八百屋をパン屋
  に併設する
> 駅近くの好立地で来店者が多い

脅威

> 原料の粉が値上がりする可能性
> 既存の競合店の相場を考えるとあ
  まり高い価格を設定できない
> グルテンフリーや職人仕込みのパン
  はネット通販でも買える

SWOTの青写真

SWOT分析は、自由に答えられるような質問を重ねるとうまくいく。たとえば、

> **強み**：顧客は私たちの製品のどこを
  好んでいるのか？ 同じ分野の他の会
  社よりもすぐれている点はどこか？
> **弱み**：どこを改善できるか？ どうし
  て私たちの製品は好まれない／買っ
  てもらえないのか？
> **機会**：どういったトレンドの変化、ま
  たはライバル会社の弱みをうまく利
  用できるか？
> **脅威**：ライバル会社は今後どんな手
  を打ってくる可能性があるか？ ど
  ういった社会／消費トレンドが今後
  私たちに脅威を与えるか？

戦略プランニング

SWOT分析から浮かび上がった
ことを一つ一つ検討した後でフ
リーダは以下のプランを立てた。

> **強み**：現在の忠実な顧客基
  盤を新店舗で再び作り出す
  ために顧客と強固な関係を
  築く
> **弱み**：新店舗に製パン職人を
  新たに雇い訓練する
> **機会**：エシカルに生産された
  材料を調達することで、健康
  によい食への関心の高まりに
  応える
> **脅威**：安い材料を調達する
  か利益を少なくする

クリティカル・パス分析

クリティカル・パス分析は作業スケジュールを作成するためのプロジェクト管理ツールである。工程に沿って仕事に優先順位をつけることでプロジェクトの全体像を明確にし、資源の投入を最適化できる。

プロジェクト作業の最適化

　クリティカル・パス分析を利用すれば、適切な順序で効率よくプロジェクトを終える作業スケジュールを作成できる。さらに、優先事項の重複やボトルネックの発生を避ける上でも役立つ。最初のステップは、どのタスクが遅れると全体に影響がおよぶか、どのタスクが時間的に余裕があるかを特定する。そして重要なタスクを適切な順序で並べるが、これが「クリティカル・パス」と呼ばれるものになる。次に、それら重要なタスクを終えるのに必要な時間を割り出す。合計すれば、そのプロジェクトに必要な時間が示される。時間的余裕のあるタスクは、プロジェクトの適当な段階で主要な工程と並行して計画を立て、期限内に終わらせる。

住宅の建設

マンハッタン計画で開発された手法が1950年代にジェイムズ・ケリーとモーガン・ウォーカーによりクリティカル・パス分析と名づけられた。住宅建設など、さまざまな人的・物的資源の詳細なスケジュールを必要とする複雑なプロジェクトの計画に適している。右の図では、34日間——プロジェクトを完了させるまでの最長期間——のクリティカル・パス上の11の重要なタスクを示した。従属関係を明らかにすることで工期のスケジュールが決まり、どこで作業が遅れるとプロジェクト全体を遅らせる危険があるかを明らかにする。

> ## ✓ おさえておこう
>
> ❯ **ファスト・トラッキング**とは、時間的余裕のあるタスクを並行して進めることで、プロジェクトの期間を短縮させる手法。
> ❯ **クラッシング**とは、追加の資源を割り当てることで期間を短縮させる手法。

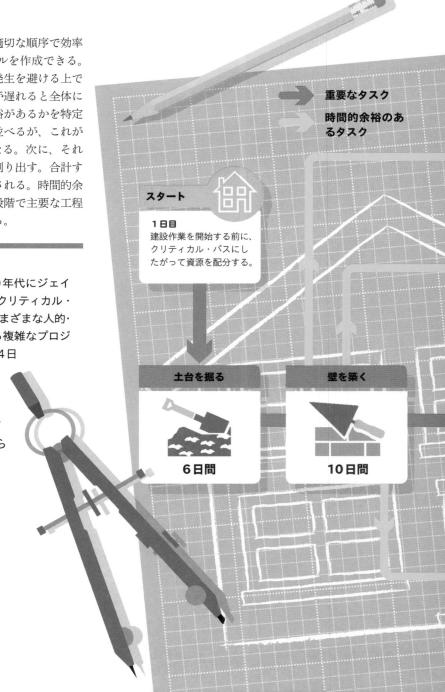

重要なタスク

時間的余裕のあるタスク

スタート

1日目
建設作業を開始する前に、クリティカル・パスにしたがって資源を配分する。

土台を掘る

6日間

壁を築く

10日間

「どのようにして**プロジェクト**は**1年** 遅れるのか？ **1日**ずつだ」

フレデリック・ブルックス、米国のコンピュータ科学者、1975年

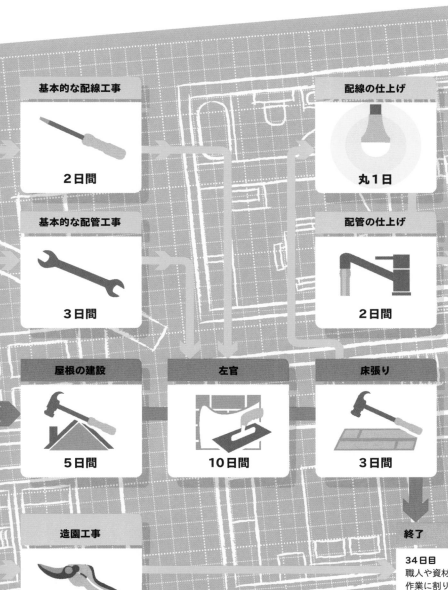

基本的な配線工事 — 2日間
基本的な配管工事 — 3日間
配線の仕上げ — 丸1日
配管の仕上げ — 2日間
内装 — 3日間
屋根の建設 — 5日間
左官 — 10日間
床張り — 3日間
造園工事 — 3日間

終了

34日目
職人や資材が予定通り各作業に割り当てられれば、建設にかかる日数は34日間だろう。

問題解決

組織の内部で起きる多くの問題に対処することはマネジャーの責務である。
何がうまくいかなかったかを理解し、再発防止に役立つ対応策を生み出す
のがその目的である。

学習の機会

　マネジメントの主要な目的は問題を未然に防ぐことであるが、起きてしまった場合にうまく問題を発見し、分析、解決することも同じように重要である（110-11頁参照）。原材料の不着から、セキュリティの警告やハラスメントのクレームまで、さまざまな問題が実行可能な解決策と再発防止策の両方を必要とする。

　適切に処理されれば、問題は学習と改善の機会になりうる。熟練したマネジャーは問題を系統立てて考える能力を身につけている。問題の優先事項を見極め、事実を明るみに出し、根本的な原因を正確に示し、最善の解決に向けて努力しなければならない。たいていの問題に応用できるこのプロセスをマスターすることは、問題のさらなる複雑化を避けるのに役立つ。うまく問題を処理できるマネジャーが組織の成功のカギである。

✓ おさえておこう

❯ **アクティブ・リスニング（積極的傾聴）** は重要な問題解決スキルで、受動的に漫然と聞くのではなく、相手の話に完全に集中して耳を傾ける。
❯ **ブレインストーミング** は解決策を見つける際にも有効なテクニックである。
❯ **ささいな問題の火消し** はマネジャーにとって避けるべきもの。日常的に介入すると、日々の業務がおろそかになる。

行動計画

マネジャーが直面する可能性のある問題は、ささいなトラブルから深刻な危機までさまざまである。問題解決の任務は、問題が起きた原因を分析するために、適切な質問をしながら事実を綿密に調べる能力を必要とする。ここに示した段階的な取り組み法は、分析とディスカッションを通して全員が満足できる解決策に達することを目的としている。問題が生じた場合に常にその目標を達成することでチームは強くなり、組織の健全さを保つことができる。

1　問題を理解する

問題を特定し優先的に処理する。

❯ 問題の本質と危機の度合い——それが解決されなかった場合に重大な影響があるかどうか——を突き止める。
❯ 問題の緊急性と、待つことで事態を悪化させるかどうかを評価する。
❯ 何ができるか、間に合わせの対応策で事態の悪化を防ぐことは可能かどうか検討する。

3　解決策を生み出す

真の問題が把握された場合のみ、マネジャーは解決方法を探求し始めるべきである。たとえば、

❯ さまざまな視点を得るために他のメンバーを関係させる。
❯ 大きな問題を、扱いやすく、処理しやすいように小分けにして処理する。
❯ 建設的で、間接的なアプローチを見つけるために、違った角度から考える。

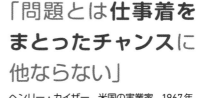

「問題とは**仕事着を
まとったチャンス**に
他ならない」

ヘンリー・カイザー、米国の実業家、1967年

**2　あらゆる要素を
特定する**

いろいろな角度から問題を検討
する

❯ 時間をかけて関係者全員の話
に耳を傾ける。

❯ 根本的な原因を突き止める
（110-11頁参照）──症状
ではなく原因に対処する。

❯ 憶測を避け、事実を明らかに
する。

❯ 適切な質問をする（右下のコ
ラムを参照）。

4　計画に沿って行動する

次の手順に従って問題を解決する

❯ 最善の解決法を選択する。

❯ 提案を要約して書き出す。

❯ 関係者全員と意見を交換し解決策を
定める。

❯ 可能であれば問題の再発を防ぐ方法
を見つける。

適切な質問をする

効果的な問題解決は判断の保留と適切な質問を必要とする。
ラドヤード・キプリングが「6人の忠実な召使」と名づけた、「だ
れが（Who）」、「何を（What）」、「いつ（When）」、「どこで（Where）」、
「なぜ（Why）」、「いかに（How）」で始まる質問を重ねることで、
早合点を避け、事実を明らかにする。

だれが？　　何を？　　いつ？　　どこで？　　なぜ？　　いかに？

原因の特定

問題解決はマネジャーの役割の主要な部分であるが、すべての問題に明白な解決策があるわけではない。問題を把握し、解決するために、マネジャーはまず、問題の原因として考えられることをすべてを特定し分析する必要がある。

原因の追求

組織理論に関する日本の研究者、石川馨によって開発された特性要因図を使えば、問題を明確にして対処し、二度と生じないようにすることができる。

出発点は問題の細部を明確にすることである。すなわち、まず何が起きているのか、どこで起きているのか、だれが影響を受けるのかをはっきりさせる。次の段階では、考えられるすべての原因を「プロセス、設備、原料、人員、環境、管理（マネジメント）」の6つのカテゴリーに分類する。これをするのに一番よい方法は「フィッシュボーン図（下図参照）」を描くことである。これは6つのカテゴリーを、図の中心にある、問題という「背骨」から突き出る縦の線で表す。次に、それぞれの線から横線を引いて、そこに考えられる原因をすべて突き止める――この作業では、従業員への聞き取りなど、詳細な調査が必要となるかもしれない。

すべての可能性が確認されたら、どこに問題があるのか、そして解決するためにどんな措置を取るべきか、マネジャーには明らかになっているはずだ。ただちに行動を起こして、得た教訓を組織全体に詳細に知らせるべきである。

フィッシュボーン図

ここに挙げたフィッシュボーン図の例では、ある部品の生産行程で大量の不良品が出て、廃棄率がきわめて高くなっている。その問題点は「魚」の頭の部分にはっきりと示され、次に石川が考案した6つのカテゴリーで分析される。それぞれの原因はさらに下位の原因に分割される。たとえば、「人員」の原因には訓練不足やチームとのあつれきなどの要素が含まれる。最終段階は図の分析である。この例では、問題の主な原因は質の悪い原料の使用と特定された。

「失敗は成功の種である」

石川馨

原因1：
プロセス

> 処理の速度がいい加減

> 乾燥温度が高すぎる

> 各処置の間の時間が不十分

問題：
20%が欠陥製品

> 機械の動く速度が速すぎる

> 乾燥温度の管理ができていない

> 何の前触れもなく機械が故障する

原因2：
設備

「なぜなぜ分析」の手法

問題の核心に達する手早い方法はトヨタが開発した「なぜなぜ分析（5Why分析）」を用いることである。これは、問題の原因を探るために「なぜ」と繰り返し質問することを意味する。通常は5回質問を繰り返し、最初の質問に対する答えが2番目の質問のもととなり、その答えが3番目の質問、というように続ける。たとえば、工場労働者が転倒して負傷したなら、次の5つの質問から問題の原因へ達することができる。

工場労働者が転倒した原因を、5つの質問で探る

> **なぜ？**　機械加工部門の床の上に油がこぼれていた。
> **なぜ？**　1台のプレス機から油がもれていた。
> **なぜ？**　継ぎ目の充填剤の質が悪かった。
> **なぜ？**　標準仕様に達しない低価格の充填剤を新規の納入業者から購入していた。
> **なぜ？**　会社が全チームに対して製造コスト削減の命令を出していた。

✓ おさえておこう

> **解決可能な原因**は、問題のうち解決可能な部分で、マネジャーが対処に努めるべき領域である。
> **解決不能な原因**は、問題の中で解決できない部分。これを解決しようとして時間を無駄にしないよう、特定されなければならない。
> **原因のスクリーニング**とは、原因の潜在的影響と、その原因を防ぐことがどれだけ容易かを評価する手法。

原因3：原料
> 原材料の品質が一定しない
> 質のよくない原料を購入した
> サブ部品が正しく組み立てられていない

原因5：環境
> 機械の周囲に十分なスペースがとれない
> 換気が不十分なため温度が上昇する
> 作業場が雑然としているために問題の原因がわかりにくい

原因4：人員
> チーム内のあつれき
> 正式な訓練の不足
> チームはマネジャーに問題を提起するのは無理だと感じている

原因6：管理
> マネジャーが変化への対処に慣れていない
> 責任の連鎖が明確ではない
> 品質ではなく量にもとづいた目標である

デザイン思考

当初は顧客のニーズを特定するために開発されたデザイン思考は、すべてのマネジャーが組織内の複雑で厄介な問題を正確に把握して解決するために取り入れることができる手法である。

問題の解決

　マネジャーが遭遇する問題の多くは、機械の故障や資金不足のように原因が明白だが、一方で従業員が期待されたほどの成果をあげられないのはなぜか、といった問題のように、原因をすぐには特定できない場合もある。こうした場合、解決策を見つけるのに役立つツールがデザイン思考である。根本的な原因の特定を必要とする従来の問題解決法（108-109頁）とは異なり、この方法は従業員など問題の解決によって恩恵をこうむる人に焦点をあてる。

　デザイン思考は、マネジャーが関係者の視点から問題を理解して解決策を探っていく、段階的な手法である。最初の段階では、問題となっている従業員のことを理解し、彼らのニーズを特定する。たとえば、彼らの任務について聞き、パフォーマンスを向上させるために必要なツールを特定する。こうして得た情報から、当人たちとともに問題点を異なる角度から独創的に考え、アイデアを見つける。次の段階で、新たな業務慣行や管理体制など、実現可能な解決策を見つける。そして実際に行動に移す前にまずは試してみる。

　時間はかかるが、デザイン思考を活用すれば、個々の従業員のニーズに合った解決策を見出すことができる。したがって、組織全体のためにもなる。

事例研究：アップル

1976年にスティーヴ・ジョブズが友人と設立したアップルは、コンピュータ市場の競争が激化した1980〜90年代、苦境に陥っていた。ジョブズは一度退職したものの、1997年に復帰すると、顧客のニーズに基づいた製品の開発のためデザイン思考を活用した。1998年にiMac、2007年にiPhoneを発売し、どちらも成功をおさめた。ジョブズが踏んだ手順は、新製品の開発や、厄介な問題の解決に取り組むマネジャーにも有効である。

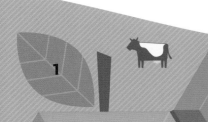

2

定義
関係者から集めた情報にもとづいて解決すべき問題を定義する。組織ではなく、彼らのニーズに焦点を合わせる。

1

共感
人々と関わり合い、ニーズを調査する。人々が本当に望むものを理解した上でニーズを満たす努力をする。

現在

6通りの思考法

思考能力の開発を研究してきたエドワード・デ・ボノは、著書『6つの帽子思考法』（1985年）で、6色に色分けされた帽子がそれぞれ異なる思考法を表す6種類の思考法を提唱した。効果的に問題を解決するために、マネジャーがさまざまな帽子を「身につける」——さまざまな視点から物事を考える——ことを試し、他の従業員にも勧めたらよいだろう。

中立	**楽観**	**判断力**	**感情**	**創造性**	**整理**
直接関連ある情報を見極めるために事実とデータだけに焦点を合わせる。	アイデアと計画のプラス面と利点を探り出す。	落とし穴と危険、さらに起こりうる結果を考慮に入れる。	自分の直感的反応や勘を評価する。考えを見つけ出して表現する。	直接関連ある情報を見極めるために事実とデータだけに焦点を合わせる。	問題を定義し、思考プロセスを動かし、要約する。

3

概念化

問題を解決するためにブレーンストーミングを行う。これには創造性や分析的判断、進んでリスクを引き受けようとする気持ちが欠かせない。

4

試作

アイデアが生み出されたらただちに実施可能な解決策や試作品へと発展させる。これはシンプルで利用者が使いやすく、第二段階で特定された問題を解決しているべきである。

5

検証

解決策や新製品をそれを利用することになる人々に試してもらう。そうすれば強みと弱みが評価してもらえる。テストをすることで、その問題を再定義する必要があることが明らかになるかもしれない。

もしもし？

「**ほとんどの人が、デザイン**とは見た目のことだと**思い違い**している。**デザイン**とはそれをどう**機能させるか**である」

スティーブ・ジョブズ、アップルの共同設立者の一人、2003年

将来

行き詰まりを打開する

ある問題点に関して意見をまとめることができない場合、マネジャーが介入する必要がある。問題を分析する戦略は、行き詰まりを打開し、関係者たちが相互に受け入れ可能な解決策を見つけるのに役立つだろう。

悪循環を断ち切る

複数の集団が一つの問題に対してさまざまな解決策を提案し、自分たちの主張を変えようとしない場合、手詰まりな状態が生じる可能性がある。取引、組織内の問題、あるいは第三者との交渉のいずれであろうと、解決には相当な駆け引きが必要とされる。行き詰まり状態に部署のメンバーが関与していたり、部署そのものが、組織の別の部門や外部の組織と係争中である場合、マネジャーは仲裁者としてふるまう必要がある。一般的に、どの当事者も自分の解決策が正しいと考え、相手側は間違っていると思い込む。こうなると、悪循環に陥る可能性がある。それぞれの関係者が、本来の問題を再検証するよりは、面目を保つことに終始しがちである。どちらの側も負けと見なされたくないので争いとなる。

マネジャーは議論から距離を置いて、各関係者の主張を公正かつ公平に調べなければならない。組織内部の行き詰まり状態では、仲裁者として中立な人間を呼ぶのが賢明である。関係者全員が同意する点だけでなく、それぞれの見解や、同意できない部分とその理由を明確にすることで、行き詰まりを打開する妥協案を生み出すことができる。

集団意思決定

英国のオーガニックTシャツ製造メーカーのマネジャー、メアリのチームには、シニアメンバーが2人——ジョージとマイク——いるが、新たな機械の導入をめぐって対立している。役割が異なるため、それぞれが抱く思い込み、関心事、情報が異なるからだ。ジョージは財務の責任者で、収益性に責任があるため、資本コストを心配している。マークは人事の責任者で、必要な研修期間と、さらなる組織の改革が社員のモチベーションに与える影響を案じている。メアリはチームから承認を得る必要があるため、会議を招集し、5段階のプロセスを踏んだ。情報を共有することで、新たな機械が投資に値することに2人とも同意した。

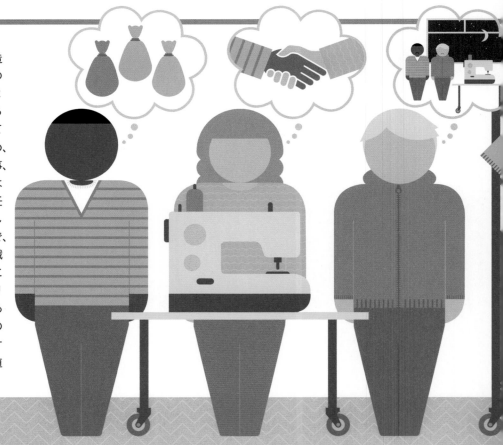

「点つなぎ」

組織心理学者のロジャー・シュワルツは、行き詰まり状態を、大人版の点つなぎパズルと評する。行き詰っているチームでは、点は、メンバーが自分自身のイメージを作り出すために用いる、それぞれの思い込み、関心事、情報に相当する。点を結ぶ線は推論の過程を示すが、手持ちの点も、正しいと信じる解答に到達するために点をつないでいく方法も、メンバーにより異なる。そもそも、行き詰まり状態を生み出した背景（メンバーそれぞれの思い込み、関心事、情報）を理解しないで、対立する解決策について議論するのは、行き詰まり状態を継続するだけで、打開にはつながらない。

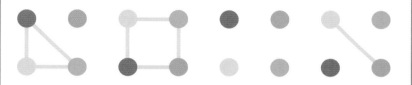

「……**行き詰まり状態**には……少なくとも……私たちがいやがおうでも**考える**ようになるという**長所**がある」

ジャワハルラール・ネルー、インドの初代首相、1942年

1　チームの各メンバーの立場を理解するため、それぞれの思い込みと関心事を明らかにする。

2　メンバーそれぞれで異なる思い込みと関心事を一つ残らず突き止める。

3　メンバーが特定の思い込みと関心事を持つに至った理由を探る。

4　行き詰まりを打開するため、メンバー全員が抱く思い込みと関心事のうち、どれに対処する必要があるか、意見をまとめる。

5　メンバーが共有する思い込みと関心事をうまく盛り込んだ解決策を共同で作り出す。

ビジネスプロセス

プロジェクトと同じように、プロセスとは一連の関連した活動である。しかしプロジェクトが新しい製品やサービスといった変化をもたらす一時的な活動であるのに対し、プロセスは組織の日常の業務の流れ（ワークフロー）の一部である。

一連の段階

ビジネスプロセスという概念が最初に生まれたのは、原料が未加工の状態から一連の手順を経て最終的な完成品へと変えられる製造業においてであった。もちろんプロセスは他のところでも生じる。レストランの場合、ビジネスプロセスとは予約の受付、客の出迎え、注文の聞き取り、食事の調理や給仕にあたる。

ビジネスは4つの高度な業務プロセスで運営されている

と広く考えられている。それは、受注、発注への対応、顧客へのサービス提供、新たな製品やサービスの開発である。これらの業務プロセスはそれぞれさらに細かく分類される。たとえば、受注プロセスは、（マーケティング活動を通じて）顧客を引きつけることと（販売活動を通じて）受注を完了することに細分できる。マネジャーはどんなプロセスも把握して、自身の監視下で改善することを目指さなければならない。プロセスマッピング（下記参照）はこのために作

プロセスマッピング

マネジャーはビジネスプロセスを分析して、関連の手続きが必要かつ効果的で有効であることによって価値を増しているかどうか調べることができる。あるプロセス──この例ではレストランの席の予約──の各局面を理解しやすくするためにフローチャートが使われる。次の操作は改良したプロセスを設計し実行に移すことである。改善点には不必要な操作の除去や、オートメーションの導入など、よりよい方法を見つけることも含まれるだろう。

現在のプロセス
これがレストランの現在の予約プロセスである。スタッフは電話に出て、客の都合のよい日時を見つけるために予定表に目を通せるようにしておく必要があるため、一連の手続きを要する。

1 マーケティングを通じて客を引きつける。電話番号が提供される。

2 スタッフが待機して客からの電話での問い合わせに応じる。

改良したプロセス
これが組織に望ましい状況で、直接比較するため現在の状況と並べて示した。このシナリオだと、予約と日時の選択にかかわる面倒な手順が一つにまとまって能率的である。

1 マーケティングを通じて客を引きつける。ウェブサイトが提示される。

成される。

2種類のプロセス

　プロセスは「付加価値をもたらす」か「付加価値をもたらさない」のいずれかで表される（118–19頁）。前者は顧客やユーザーに価値を提供する運用プロセスの一部である。後者はITや経理部門などの支援プロセスで、ユーザーや顧客に直接関係のある価値を提供しない。

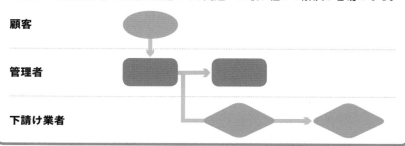

「スイムレーン図」

プロセスマップでは、各活動を誰が行っているかを明らかにするために、プロセスを一つのプールに見立てて、担当者を「スイムレーン」に配列して可視化する。これなら、顧客からクレームが来ても、社内はもちろん社外の請負業者に至るまで関連部署の活動が追跡でき、問題への取り組みと解決が容易となる。

顧客

管理者

下請け業者

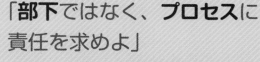

「部下ではなく、プロセスに責任を求めよ」

W. エドワーズ・デミング、米国の統計学者、1992年

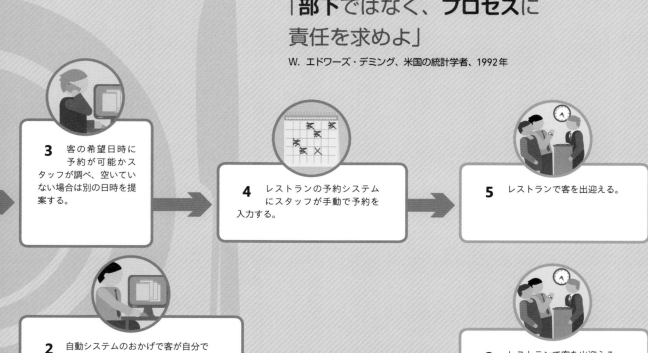

3　客の希望日時に予約が可能かスタッフが調べ、空いていない場合は別の日時を提案する。

4　レストランの予約システムにスタッフが手動で予約を入力する。

5　レストランで客を出迎える。

2　自動システムのおかげで客が自分で予約をしたり、代わりの日時を調べたりできる。店のスタッフは一切関与しない。

3　レストランで客を出迎える。

バリューチェーン

バリューチェーン（価値連鎖）とは、商品やサービスを開発する一連の活動のことである。最終製品の価値を極限まで高めるためには、それぞれの段階が効率的に機能していることを確認する必要がある。

バリューチェーン・マネジメント

「バリューチェーン」という概念は、米国の経済学者マイケル・ポーターが、1985年に著書『競争優位の戦略』で提唱した。バリューチェーンは、原材料の投入から流通まで、最終製品に価値を付加する活動をすべて含む。組織が利益を得るためには、製品やサービスの最終的な価値が製造コストを上回らなければならない。

バリューチェーン分析は業務を細かく分け、プロセスの各段階で何が起きているか、そしてさまざまな段階がどのように結びついているかを簡単にわかるようにする。まず

第一に、価値を付加する活動は主活動と支援活動の2つに分類される（下記参照）。次に、「コストドライバー」──労働時間など、活動やプロセスのコストに影響をおよぼすもの──を明確にし、活動に悪影響をおよぼすことなく削減可能か確かめる。第三の段階で、製品の品質改善やイノベーション、マーケティングなどの「差別化」のための活動、すなわち製品に価値を付与し競争力をもたらすものすべてを明確にする。このバリューチェーン分析により、価値を付与するためにそれぞれの活動をどれだけ拡大できるか（あるいは必要なら、除去できるか）示すことができる。

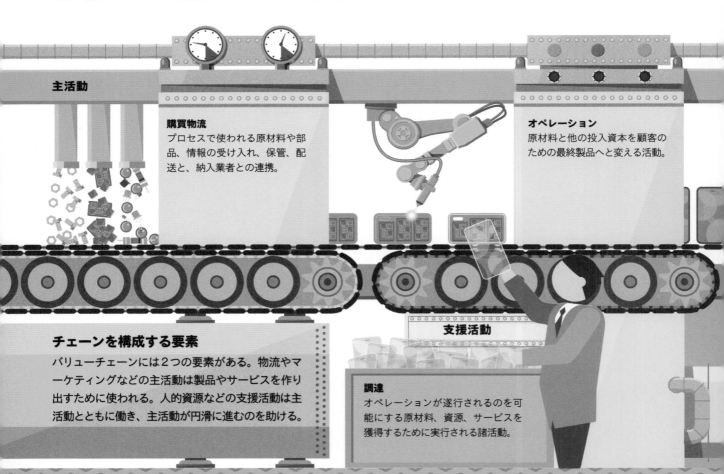

主活動

購買物流
プロセスで使われる原材料や部品、情報の受け入れ、保管、配送と、納入業者との連携。

オペレーション
原材料と他の投入資本を顧客のための最終製品へと変える活動。

支援活動

チェーンを構成する要素
バリューチェーンには2つの要素がある。物流やマーケティングなどの主活動は製品やサービスを作り出すために使われる。人的資源などの支援活動は主活動とともに働き、主活動が円滑に進むのを助ける。

調達
オペレーションが遂行されるのを可能にする原材料、資源、サービスを獲得するために実行される諸活動。

おさえておこう

> **粗利（売上純利益）**
> 製品やサービスの販売価格から直接経費を差し引いた後の金額。

> **ROA（総資産利益率）**
> 会社の収益性を資産に基づいて計算する方法。

> **コストドライバー**
> 活動やプロセスのコスト変動要因。

> **差別化の優位性**
> 自社の製品やサービスが競合他社のものと比べてどの程度すぐれているか。

「価値を増すのでなければ、無駄である」

ヘンリー・フォード、フォード自動車会社の創業者、1920年頃

マーケティングと営業
製品やサービスを売り、競合他社から購買者を奪うための広告や価格設定、販売促進活動。ここに販売後のサービスも含まれる場合もある。

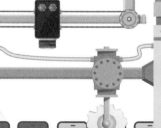

出荷物流
顧客に製品やサービスを届けることにかかわるすべての活動。輸送や倉庫保管、包装を専門に行う社外のフルフィルメント会社も含まれる。

サービス
テクニカルサポートやソフトウェアのアップデートなど、販売されて購入者に引き渡された後も製品が機能し続けるために必要とされる活動。

人的資源マネジメント
従業員の採用、研修、開発、雇用（あるいは必要なら解雇も）。

技術とインフラストラクチャー
オペレーションで使用される設備や技術的な手順に加え、法務、財務、会計などの支援機能。

リーン生産方式

リーン生産方式は、トヨタ自動車のトヨタ生産方式の研究をベースとして構築された、徹底的に無駄・無理を省いた生産システムを指す。結果的に顧客が製品に求めるものを明確化し、それを顧客に過不足なく提供することにつながる。

研ぎ澄まされた生産方式

マサチューセッツ工科大学のウォマックらは、日本の自動車製造業者トヨタの生産方式を研究し、その無駄のない生産プロセスを「リーン〔贅肉の取れた〕生産方式」として紹介した。

この生産プロセスでは、製品の製造と提供に費やされる活動すべてから、売れ残り製品の倉庫保管など、「価値を付与しない（非付価値）」あらゆる余分な活動が取り除かれる。その結果、プロセスのスピードと効率が上がり、製品の品質も高まる。そして無駄の排除を追究することにより、最終顧客が特定の製品・サービスに何を求め、どんな価値に対して対価を支払おうとするのかを見極めることができる。

> 「社員は**トヨタ**に**働き**に行くのではない。そこに行って**考える**のだ」
>
> 大野耐一、トヨタ生産方式を体系化した技術者、1978年

無駄をそぎ落とした組織

1950年、トヨタは自社の生産方式を、できるかぎり自動車の製造を効率よくするための5つの原則にまとめた。さらに回避すべき7種類の無駄を特定し、その後8番目──十分に活用されない人材──を加えた。トヨタの目標は、あらゆる種類の無駄を減らしながら価値を最大化し続けることにある。

1. 価値を特定する
顧客がプロセスや製品でもっとも評価するのは何か探り出す。

2. 価値の流れを示す
「価値を付与しない」活動を除去するため、プロセスの最初から最後までの活動の流れを明確にする。

無駄の種類

不良品
顧客の期待に応えられないサービスに労働力と資源が浪費される

作りすぎ
品物が顧客の需要を超えて過剰に生産されること

手待ち
プロセスの次の段階を待っている非生産的な時間

十分に活用されていない人材
労働者の技能や知識を十分に活用しないこと

カイゼン

KAI **ZEN**

改善

あらためる　　よく

「カイゼン（改善）」は第二次世界大戦後に日本の製造業界で生まれた概念である。改善運動は、低価格で高品質の品物を製造することに焦点を置いていたため、広く普及した。「改めてよくする」を意味する改善は、生産性と効率を増すために、経営者が労働環境を少しずつでも絶え間なく改良することを要求する。さらには従業員が、生産ラインの耐用年数と、会社での就労生活の両方を向上させる方法を提案することを奨励する。改善の哲学は日本のビジネス、とりわけ「かんばん方式（ジャストインタイム）」の製造業の分野で大きな影響力を持っている。たとえば今日、トヨタはわずか数時間で車を組み立てる。

3. フローを作り出す
価値を生み出すステップを、顧客に製品を提供するためにプロセスが円滑に進むように統一した手順にまとめ上げる。

4. 強みを確立する
顧客や、プロセスの次の段階にいる労働者から要求がある時だけ、それぞれの新たな活動を始める。

5. 完璧を求める
完璧な価値が無駄なく生み出されるまでプロセスを磨き上げ続ける。

運搬
製品や材料を不必要に運ぶのに費される無駄な時間と資源、金

在庫
原材料と完成品の過剰在庫

過剰な加工
製品の再加工、あるいは不必要に高性能な製品の製造

動作
作業の流れがまずいために浪費される時間と労力

目標の達成

目標を設定して実行し、その後その目標がどれだけ達成されているかモニターすることは、どの組織においてもマネジャーの中心的な役目である。マネジャーが利用できる戦略モデルには2種類ある。

ゴールによって導かれる

目標管理（Management By Objectives and Self-Control、MBO）は1950年代にピーター・ドラッカーによって提唱された経営管理方式である。ロバート・キャプランとデイヴィッド・ノートンは1990年代にバランススコアカード（BSC）を提唱した。MBOのねらいは、明確な目的（ゴール）の設定により自発的にパフォーマンスを向上させることである。目的は組織のビジョンと理念によって決まり、マネジャーと従業員に承認される。従業員を目標の計画と設定にかかわらせることで、エンパワーメントとエンゲー

2つのモデルを活用する方法

目標管理（MBO）モデルは、バランススコアカード（BSC）のフレームワークとともに、あるいはBSCを導くために、使うことができる。どちらも戦略の明確化と目標の設定を通じて成功することを目指すモデルだからだ。たとえば、MBOを目標の設定に使い、その後でBSCでその目標を評価する。あるいは、BSCモデルの4つの視点を使えば、MBOモデルの目標設定に役立つ。

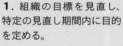

1. 組織の目標を見直し、特定の見直し期間内に目的を定める。

2. SMART目標（148-49頁参照）を使うことにより、組織の目的に基づいた具体的な目標を従業員の目標と一致させる。

3. 部署で進捗状況をモニターする。

4. 部署のパフォーマンスを評価する。

5. 目標を達成した従業員を表彰する。

目標管理方式の適用

マネジャーは一定期間の目標を設定し、見直す。このモデルは報酬ベースでうまくいくため、目標を達成した従業員は表彰される。

ジメントを促進する。MBOモデルを使えば、企業と従業員のパフォーマンスが社内で管理でき、外部のクライアントやステークホルダーも成功を評価できることになる。

どれだけ目標が達成されたかを評価

　BSCモデルは業績評価手法の一つで、企業の理念やビジョンを事業活動に落とし込むのを可能にする。またMBOがどれだけ成功しているかを評価するためにも広く利用されている。マネジャーは通常BSCを、個々の従業員の業績評価のためではなく、事業戦略に照らしてチームの実績をチェックするために利用する。ビジネスを行う上で評価可能な4つの領域——顧客の視点、社内業務プロセス、財務の視点、学習と成長——を調べるが、BSCは、つねに会社のビジョンに留意することで、どれだけ目標が達成されているかを明らかにし、変更や改善できる点を浮かび上がらせることができる。BSCとMBOを併用することで、評価可能な目標をチームに合わせて調整し、実行に移すことができる。

バランススコアカードの適用

マネジャーは、組織のミッション・ステートメントに基づいて4つの視点で戦略を立て、目的を実現するための具体的な目標やターゲット、新規の構想などを詳細に設定し、評価する。

顧客の視点
会社はミッションを達成するためにどのように顧客に見られたいと望むのか。

学習と成長
変化し向上し続けるために学習と革新をする会社の能力。

組織のミッション、ビジョン、戦略を活用して、4つの測定可能な業務分野を評価する。

社内の業務プロセス
価値を付与し、ステークホルダーと顧客を満足させるのに必要な社内慣行。

財務の視点
過去の業績に基づいて、財政面で選ばれた戦略の長期的な実行可能性を評価する。

KPI

KPIは、組織内の特定の部門がどれだけうまく機能しているかをマネジャーがモニタリングし、改善の可能性を発見するフレームワークである。

KPIを理解する

KPI（Key Performance Indicator、事業目標達成のために重要となる評価指標。これを追求すれば自然に目標が達成されるよう設定する）を使うためには、マネジャーがまず、製造や販売など、どの部門が組織の成功に寄与するかを特定する必要がある。計測可能なパフォーマンス目標を各部門で設定したら、定期的に（毎週、毎月、あるいは4か月に一度など）モニタリングする。それぞれの部門がどれだけの成果をあげているか評価するためにマネジャーは達成した成果を設定目標と比較する。そうすることで、組織のどの部門が成果をあげているか、また、弱点に対処するために焦点を絞るべき部門はどこなのかを理解できる。KPIが長期にわたり実施されるならば、将来の業績の推移〔パフォーマンストレンド〕を特定するのに役立つ可能性がある。

目標の達成状況を見守る

マルコは自分のレストランのパフォーマンスを評価するために、顧客満足度や売上額、配達時間など店の成功に欠かせない6つの側面を特定した。それぞれの目標を設定した後で、店のシニアスタッフに、目標を達成する方法を探し、進捗状況を記録して、毎週その成果を報告するよう命じた。3ヶ月後には、どの分野が一貫して目標を達成しているか、そしてどの分野が改善を必要としているか、マルコは特定することができた。

「**測定される**もの
は**管理**される」

V・F・リッジウェイ、米国の経営学者、
1956年

顧客満足度
マルコはネットで肯定的な評価を毎月10個獲得することを望んでいた。

納品時間
テイクアウトは注文後30分以内に引き渡さなければならないが、70%の達成率。

KPIの設定方法

KPIはどんな組織にも応用できる。しかし、意味のある結果を出すためには、組織の成功に寄与する分野にのみ適用すべきである。したがってマネジャーは、自分の組織のどこでどのようにKPIを使うかをはっきりと定め、限定して使う必要がある。さらにマネジャーが設定するターゲットは現実的かつ達成可能なものであることが重要だ。ターゲットがあまりに高く設定された場合、それを果たせないと、本来なら達成可能な業績までも不可能と思い込んでしまう恐れがある。KPIを設定する場合にマネジャーがおさえておくべき点を挙げると、

> 測定される項目とその理由を示すタイトルと目的。
> 柔軟だが、期間内に達成可能な目標。
> 割合の計算など、毎回同じ方法で測定が行われることを保証する計算式。
> どれだけ指標が測定され検討されるかを定める頻度数。
> 測定と実行にあたる人物やチーム。

✓ おさえておこう

> KPIは組織の目的や戦略と**適合**しなければならない。
> KPIが実際に役に立って効果をもたらすには**正確なデータ**が不可欠である。
> 各KPIの範囲に合わせて**信頼できるデータ**が得られなければならない。
> KPIの目標を**伝える**ことは望ましい結果を促進する。
> 組織のパフォーマンスの変化に合わせて、KPIは**進化すべき**である。

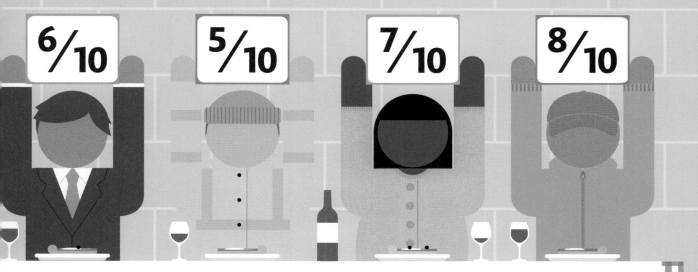

6/10

飲食物の売り上げ
販売額は前月比で5％増加しなければならない。マルコはこの点に対処する必要がある。

5/10

食品ロス
マルコは食品ロスを25％まで減少させたかった。これは懸案事項である。

7/10

アップセリング
店のスタッフにサイドディッシュの売り上げを増やすよう求め、成功した。

8/10

スタッフの満足度
マルコはチームが仲がよいことを望んでおり、この結果に満足した。

第 **3** 章

人材管理

チームメンバーの役割

マネジメントの本質は成功するチームを作ることである。
チームメンバーの役割がそれぞれの能力や関心と一致して
いるのが最高のチームである。

チームビルディング

　マネジャーの責務の一つは、タスクを実行しプロジェクトを遂行するためにチームメンバーを集めることである。チームには果たすべき機能があり、チームメンバーにはそれぞれ果たすべき役割がある。マネジャーは、どのメンバーが何をすべきか決定しなくてはならない。ここに紹介するのは、そのための一つの方法論である。1970年代、経営心理学者のメレディス・ベルビン博士が提唱した理論で、彼の主著『マネジメント・チーム』（1981年）にまとめられている。

9つの性格型

　5年間にわたる実験を通じて、ベルビンは、優秀な成績をあげているチームに見られる行動タイプを明らかにした。「完璧な」チームは存在しないと

いうのが彼の結論であったが、9つの行動タイプに基づいた、9つの重要な役割を特定した。

　ベルビンの定めた役割を認識することで、特定のタスクをうまくこなす可能性の高い人格的特性を備えたメンバーを入れ、チームを最適化することができる。重要なことに、ベルビンは、自分の定めた9つの役割はそれぞれ固有の弱点があると指摘していた。たとえば、優秀なコーディネーターは独創的な考えに欠ける場合があるなど。

サイズは重要

ベルビンは、チームの効率を上げる上でメンバーの人数が決定的に重要な意味を持つことを明らかにした。たとえば、メンバーの数が多すぎると、チーム内で役割が重なり、だれが何をすべきかあいまいになって混乱する。ベルビンは一つのチームに理想的な人数を4人とした。これで役割の重複は避けられ、生産的な議論と速やかな意思決定が促進される。チーム内での役割は全部で9つあるが、一般に人は2つか3つの分野に長所があるので、メンバーが4人いればすべての役割をカバーすることができるとした。

種まき屋

クリエイティブで型破りな"種まき屋"は、イノベーションの種をまいて新しいアイデアを生み出し、一見不可解な問題を解決する。

モニター

問題に取り組む際にまじめで注意深い"モニター"は、進捗状況を判断してチームの他のメンバーが提案したアイデアの価値を見極める。

実行者

地に足がついて実際的で、自制心が強く、用心深い"実行者"は生まれついての管理者で、簡単な指示を体系的な行動計画へ変えることができる。

調達屋

外交的で好奇心旺盛な"調達屋"は、新たなチャンスを探し出し、外部の資源との関係を築く。

コーディネーター

冷静沈着、成熟した大人である"コーディネーター"は、チーム全体の仕事の進捗具合を見ながら、チームメンバーが共通の目標に集中していられるようにする。

削り出し屋

"削り出し屋"は挑戦を生きがいとして対立を恐れず、チームが行き詰れば行動を起こす、自信に満ちた精力的なチームメンバーだ。

チームワーカー

すぐにその場の状況やまわりの人々に適応する"チームワーカー"は、純粋に他の人の幸福を気にかけ、同僚を支援し、望ましい結果を出すようチームを助ける。

スペシャリスト

広範囲にわたる知識と特定分野の専門技術を提供する"スペシャリスト"は、独立したアドバイザーとして行動し、チームを引き締める。

仕上げ屋

誠実できちょうめんな"仕上げ屋"はどんな細かいことも見逃さず、チームが手がけているタスクを完成させる。

「望むのは、**すぐれた知性を持つ人々からなる集団**か、それとも**さまざまな人々からなる才気あふれる集団**か？」

メレディス・ベルビン博士

性格のタイプ

バランスの取れたチーム作りは、どんなマネジャーにとっても難題かもしれない。個々のメンバーの性格を理解することは、チーム内の連携を最大限活用して、衝突を最小限に抑えるのに役立つ。

性格診断テストの活用

個人の性格的な特性を明らかにすることは、多くのメディアや大組織で一般的な手順である。心理テスト——たいていは詳細な質問票に回答して、自己認識や、特定のシナリオでの反応の仕方を調べる方式——は、求人に応募してきた求職者の知性や適性を測る選抜手段としても用いられる。

マイヤーズ・ブリッグス・タイプ指標

性格診断テストの中でもっとも影響力のあるマイヤーズ・ブリッグス・タイプ指標（MBTI）は、人を16種類の性格型に分類する。どのタイプにもっとも近いかを決定するため、4つの「相反する」性質、すなわち、外向／内向、直観／観察、考える／感じる、判断／知覚に照らして評価する。質問事項に答えることで、外向的（E）か内向的（I）か、直観（N）か観察（S）か、考える（T）か感じる（F）か、判断（J）か知覚（P）か、性格の傾向が示される。これに基づいて、総合的な性格のタイプが与えられる。たとえば、ENFJの指標の人は教師、ISTJの指標の人は監督官と称される。

「**うまく適応する人**というのは"**心理学的に愛国心が強い**"人で、そういう人は**今の自分に満足**している」

イザベル・ブリッグス・マイヤーズ、『人間のタイプと適性』、1980年

ENFJ
教師
有能で、変化を生み出す

INFJ
カウンセラー
創造的、面倒見がいい、洞察力がある

ENFP
チャンピオン
精力的、情熱的

INFP
治療者（ヒーラー）
理想家、将来に重点をおく

ESFP
パフォーマー
魅力的、楽しいことが好き

ISFP
作曲家
柔軟でおおらか

ESFJ
供給者
他の人の意見に合わせる

ISFJ
保護者（プロテクター）
勤勉、思いやりがある

社員の評価

　一般によく用いられる性格診断テストに、マイヤーズ・ブリッグス（下記参照）、ビッグファイブ、DISC、HEXACO、OPQ32、ホーガンアセスメントのMVPIなどがある。こうしたテストの目的は、マネジャーがチームメンバーの性格を十分理解し、個々のメンバーの生産性やチームの能力を最大限に活用して、会社全体の成功につなげることにある。マネジャーが自分自身をよりよく理解できるようになるという点においても有益である。また昇進や、組織内の他の役割への適性を評価するためにチームメンバーがテストを受けることもある。オンラインでこれらのテストを行うサイトもあり、その多くは、社員の相対的な強みをマネジャーが比較対照できるスコアを提示する。

INTJ
すぐれた指導者
革新的、問題を解決する

ENTJ
指揮官
変化を受け入れる、社交的

INTP
建築家
論理的、分析的、計画性がある

ENTP
空想家
革新的、人に感銘を与える

ISTP
職人
注意深い、現実的、問題を解決する

ESTP
活動家
精力的、活動的、争いを管理する

ISTJ
監督官（インスペクター）
手際がよく、プロセス重視

ESTJ
管理者
勤勉、集団志向

外向的か内向的か？

外向性と内向性の傾向を見極めることは、人を分類するもっとも重要な方法の一つである。2016年に英慈善団体のサットン・トラストがBBCのデータを分析した結果によれば、きわめて外向的な従業員は、高額所得者である確率が25％高かった。しかしペンシルベニア大学経営大学院の2010年の研究が明らかにしたところでは、内向的なリーダーの方が外向的なリーダーよりもよい成果をあげる確率が高かった。

外向的な性格の特徴
› 自己主張が強く、カリスマ的で、天性のリーダーのように見える。
› いろいろな人々と交流することでエネルギーを得る。
› 同じ立場の人々や従業員とのつき合いに積極的である。
› 就業時間に他の人とアイデアを出し合うのがうまい。
› 他の人が主導権（イニシアチブ）を取ることに脅威を感じやすい。
› 委員会など、本業以外の役目を進んで引き受ける傾向が強い。

内向的な性格の特徴
› 自分を売り込むことをあまり好まない。
› すぐれた聴き手である。
› アイデア、イメージ、考えからエネルギーを引き出すのがうまい。
› 部下と深いつながりを築くことができる。
› 喜んでチームのメンバーに主導権を預ける。
› プロジェクトの進行中に起こる問題の解決に時間がかかる傾向があり、戦略計画を練るために日中一人でいる時間を必要とすることが多い。

コンピテンシー

コンピテンシーはそれぞれの仕事に必要な能力のことである。マネジャーは、仕事に適した人材を確保するため、従業員のコンピテンシーを明確にして評価する必要がある。

コンピテンシーの種類

組織の目的やターゲットを達成するのに、従業員が何をなすべきかは明らかである。コンピテンシーは、従業員がどのようにして目的を達成するか、その方法を明らかにする。たとえば、その従業員は問題解決に秀でているか、チーム内でうまく働けるか、それとも、難題に直面した時にやり抜けるか、等々である。

コンピテンシーは読み書きなどの基本的な能力から、特定業務の遂行に必要な技術的なスキルや知識、専門資格、自発性などの個人的な特性や行動までを含む。必要なコンピテンシーは従業員の役割に応じてさまざまで、業界によっても異なることが多い。たとえば、病院のマネジャーに求められるコンピテンシーは、株式仲買会社で必要とされるものとも、同じ組織でも下位のチームメンバーに必要なものとも異なるだろう。

コンピテンシーは大きく2つに分類することができる――コア・コンピテンシーとファンクショナル〔職務/職種別〕・コンピテンシーである。コア・コンピテンシーは、組織文化に適合する性格上の特性のような、その会社のどこででも重要視される能力である。ファンクショナル・コンピテンシーは仕事に関連したスキルで、測定可能で、特定の資格などによって明確に定められる。

コア・コンピテンシーとファンクショナル・コンピテンシーを明確に定めることで、特定の業務に期待されることをはっきりさせ、個人やチームの活動を組織の全般的な目的や価値と一致させることができる。こうして定めたコンピテンシーは、従業員の採用や、成長を導くために使うことができる。

法の順守

健康、安全、環境その他に関する規則の順守を示すもの

適切な資格

学歴や業界の資格など、経験や訓練・研修を受けた証拠

IQからコンピテンシーへ

1973年、デイヴィッド・マクレランドが『アメリカン・サイコロジスト』誌に、知能、すなわちIQを測るテストは、実生活に対処する能力（実用的な技能や、人づき合いやリーダーシップのスキルなど）を測るテストほど効果的ではないと主張する論文を発表し、大きな反響を呼んだ。マクレランドは、学業成績は職務遂行能力を予測する因子としては信頼性が低いことを示す研究を参考にして、仕事で成功する人はどのように思考し行動するか、また彼らはどのようにしてコンピテンシーを高めたかを重点的に調べた。彼の考えは、現代企業のコンピテンシーモデルの基礎となった。

コンピテンシーを明らかにする

ある業務のために職務記述書を作る際に、就職希望者に求められるコンピテンシーをリストアップするのは役に立つ。マネジャーは志願者に、その業務にふさわしく、組織の目標達成に役立つ人物であることを示す、いくつかのコア・コンピテンシー（右の例を参照）を明確に決める必要がある。また記述書には志願者に求められるコンピテンシー（上記参照）を詳細に記し、期待される業績レベルを明確にすべきである。

専門的なスキル
研修コースの証明書など、専門的な知識がある証拠

最新の知識
関連のある業界や労働環境の新しい動きに通じている証拠

実績
完成したプロジェクトのポートフォリオなど、仕事の分野で以前に成し遂げた成果の証拠

✓ おさえておこう

› **ハードスキル**は、通常、資格や学位など、努力によって取得した、数量化できる能力の指標。このスキルはファンクショナル・コンピテンシーに分類される。

› **ソフトスキル**は、コミュニケーション・スキルやクリティカル・シンキング、問題解決など、個人特有の認知や行動に関する能力。これらはコア・コンピテンシーに当てはまる。

› **横断的スキル** さまざまな仕事に適用できるスキルもある。この中には読み書きや計算など、必要最低限の能力と、他人とうまくやる能力など、基本的な対人関係のスキルも含まれる。

コア・コンピテンシー

› **チームワーク** 同僚と共同して働き、効果的に意思を伝える能力
› **意思決定** 困難な問題への効果的な対処
› **労働意欲** レジリエンス、自発性、粘り強さ
› **思考能力** 分析的な思考、革新的なアイデア

雇用主の
93%は、
就職希望者が
専攻した分野の学位よりも
クリティカル・シンキングや
明晰な思考、
問題解決の能力の方が
重要だと述べている

全米大学・カレッジ協会、2013年

人材の発見と選抜

適切な人材を雇うことは、成功するチームを作るためにはもっとも重要である。仕事に関するスキルはもちろん、ふさわしい対人関係能力のある人材を確実に選ぶプロセスを策定しなくてはならない。

最初の計画立案

効果的な採用と選抜のプロセスには、補充すべき役割の特定から、新たな志願者の採用と職場配属まで、いくつかの段階がある。

最初の段階は業務分析である。中心となる職務と必要なスキルを特定するため、同様の職務についている現在の従業員の主たるタスクとその成果について質問する。この情報は、志願者が身につけているべき資質と能力をはっきりさせるために使われる。

次に、新人を管理するマネジャーと同僚が、採用プロセスの計画をたてる。職務記述書の起草、募集人員の広告を出す場所と方法の決定、電話による面接前の審査を実施するかどうか、また面接の場にだれが立ち会うかを含めた面接プロセスの決定、予備選考と面接本番で使われる質問表の作成である。

採用のプロセス

組織にふさわしい人材を見出して確保するには念入りな採用計画が欠かせない。

> **広告** 社内と社外の両方に人員募集の広告を出す。
> **宣伝** 組織の哲学を志願者が意識するよう、組織の価値観を宣伝する。
> **日程** 志願者の比較をしやすくするために間隔を空けずに面接の日時を予定する。
> **チェック** 志願者の経歴を調べ、人事担当者と協議する。
> **確認** オファーが条件つきである（すなわち、さらなる審査がある）のか、無条件であるのかを志願者が知っているか確認する。
> **準備** 新しい従業員が職場に慣れるよう、受け入れプロセスを準備する。

人材の発掘

組織が求人広告を出したからといって、次々と優秀な志願者が応募してくることはない。また採用したとしても、その役割を引き受けてくれるとはかぎらない。どこで働くかに関しては選択の自由があるからだ。したがって、最高の人材を引きつけるには、組織と職務が魅力的に見えなければならない。組織に入れば、やりがいのある仕事や安定したキャリアアップの道が開かれているなど、幅広い恩恵があることを志願者たちに売り込む必要がある。

面接

　すべての応募者の書類が届き次第、履歴書が詳しく調べられる。面接に招く志願者の「ロングリスト」を作るために予備審査を行うのは役に立つ。

　面接官/チームは、あらかじめ誰がどんなトピックについて質問をするか決めておく必要がある。志願者を平等に評価するためには、専門的な能力はもちろん個人的な資質に関する質問を含めたチェックリストを作る。実技試験や性格診断も役に立つ。面接後は、面接に立ち会った全員が意見を出し合う。

行動面接

この手法は、過去にどのような行動をとったかが、将来取る行動についての一番の指標であるという考えがもとになっている。この手法をよく示す質問の例をいくつか挙げた。

✓ ○：管理者の教育にどのように取り組んでいましたか？

✗ ✕：これまで管理者を教育したことはありますか？

✓ ○：これまで不満を示すクライアントに対応したことはありますか？

✗ ✕：クライアントが取引を辞めると言って脅してきたらどうしますか？

✓ ○：以前の職場では変革マネジメントをどのように実施しましたか？

✗ ✕：私たちの部署で変革マネジメントをどのように実施するつもりですか？

気の合う社風　明らかに将来有望　考えを分かち合うこと　機会均等　創造力を発揮する場　曖昧な会社

ダイバーシティ（多様性）の利点

組織の中にいる人はみな、考えも経験もさまざまである。多様な人材をうまく活用すれば、人材間のシナジー効果が期待され、ダイバーシティに欠けるライバル組織をしのぐことが可能になる。

多様性に富むチームのマネジメント

今日の職場では、ほとんどの企業がダイバーシティポリシーとダイバーシティ推進プログラムを掲げている。企業がそうするのは、機会均等に関する規則に則るためだけでなく、生産性を高めるためでもある。多様性のある職場環境は創造性を促進するからだ。とはいえ、一つのチームに属する、性格や価値観、文化的態度の異なる多様な人材の意見を一致させることは困難であり、そうした困難に向き

多様な人材の受け入れと活用

多種多様な植物が咲き誇っている時に庭園はいっそう美しく、生き生きとしてくるように、多様な人材のいる職場は生産性が高いことが多い。マネジャーにとり多様性のある職場を実現するカギは、求人や選考において偏見や偏向を排したプロセスを用いることと、インクルーシブな状態（包括性）を促進する企業方針である。

選考プロセス

バイアスのない採用を確実にするための方法には、応募者の履歴書からあらゆる個人情報を取り除くことも含まれる。

人材募集

多様な人材を受け入れるための（インクルーシブな）採用は、詳細な情報を知らせることから始まるが、採用広告は広範囲の応募者に働きかけることを狙いとすべきだ。

合うことはマネジャーの重要な任務である。その目標は、共通するところを強化すると同時に、個々の違いを尊重することである。

それゆえ、有能なチームを率いるには、チームという集団と、チーム内の個人の、双方のニーズのバランスを保つことが必要だ——そしてこのためにマネジャーは、従業員の個人的価値観がチームの力をそこなわないようにする必要がある。これまでの研究から、多様なマネジャーの存在が、企業により大きなイノベーションと高い収益をもたらすことがわかっている。こうしたことから企業は、職場でのダイバーシティ研修の実施にとどまらず、あらゆる従業員を多様な人材で構成するよう努力するようになった。

多様な人材を活用する企業は業績で業界水準を35%上回る

マッキンゼー・アンド・カンパニー、マネジメント・コンサルタント会社、2015年

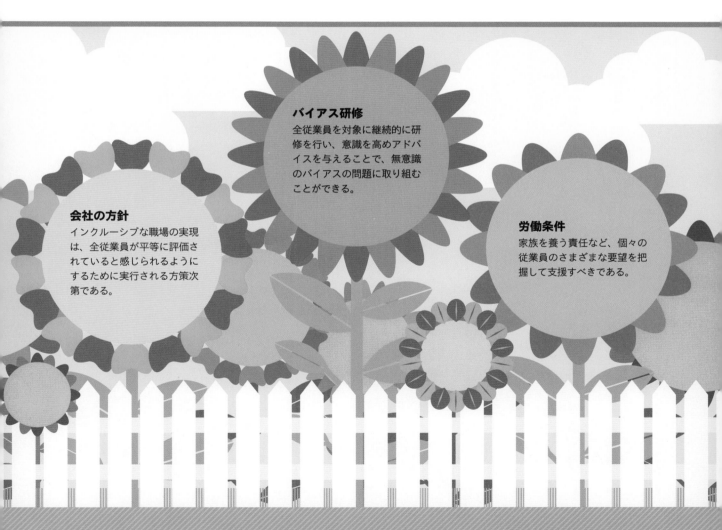

バイアス研修
全従業員を対象に継続的に研修を行い、意識を高めアドバイスを与えることで、無意識のバイアスの問題に取り組むことができる。

会社の方針
インクルーシブな職場の実現は、全従業員が平等に評価されていると感じられるようにするために実行される方策次第である。

労働条件
家族を養う責任など、個々の従業員のさまざまな要望を把握して支援すべきである。

職場環境の改善

従業員のウェルビーイング（精神的・身体的・社会的に良好な状態であること）を促進し、より幸福かつ健康に、仕事へのコミットメントを高める方法は、備品や設備の改善から仕事量の管理に至るまで、数多くある。

ウェルビーイングへの取り組み

従業員が積極的に業務に取り組み続けることを望むマネジャーにとって、職場を魅力的な環境にすると同時に最適な条件で機能させることはますます重要になっている。適切に設計された職場は事故や病気、ストレスなど健康リスクを減少させる。これを実現するには人間工学が役に立つ。人間工学は3つの分野にわたる。まず身体系人間工学は、従業員の身体構造に合わせ、体に負担の少ない備品や機器を設計する。認知系人間工学は、使い手が操作しやすいような機器やシステムを開発する。そして組織系人間工学は、生産性を向上させるように組織や業務を設計する。

人事部のマネジャーが主導することの多いウェルビーイングへの取り組みは、会社によってさまざまに異なるが、使い勝手を考えた職場、リスクアセスメント、公正でオープンな報酬体系、従業員の声に耳を傾け意思決定に参与させるマネジメントスタイルなどは考慮されるべきである。

労働環境の設計

明るく安全で快適で、完全に機能的な職場は従業員の健康を守り、ウェルビーイングを促進する。綿密に設計された労働環境では、必要なタスクとそれを遂行する従業員の要求に合わせて、機械から室内の空気まであらゆる面が調節される。これらの問題に取り組んできている会社では生産性の向上や、常習的な欠勤の減少、従業員の定着率の上昇が報告されている。

機材
体に重い負担をかけない安全な機械は作業効率を促進する。

作業負荷
仕事量の監督と調節によって従業員はストレスを感じずに仕事をこなすことができる。

✓ おさえておこう

> **人体計測（学）** 人体とその比率を計測する科学で、ワークステーション〔作業位置〕の設計などに使われる。

> **参加型人間工学** 職場に変化を生じさせて変革を実行するのに従業員を積極的に関与させること。

> **ヒューマン・ファクター〔人的要因〕人間工学** 双方向性の機器、システム、構造を設計する際に、人間の能力と限界を考慮に入れる学問分野。

> **心理社会的リスクマネジメント** 心の健康を保つために仕事量や労働条件、作業方法を研究する。

「換気の回数を倍にすることで、認知能力を 100% 以上も高めることができる」

「オフィスワーカーの認知能力スコアと二酸化炭素や換気、揮発性有機化合物の暴露との関連」、ハーバード大学、2016年

従業員の意見を生かす

従業員の協力があればマネジャーは以下のことを楽に進められる。
> 作業場のリスクの特定。
> 健康と安全の管理が現場の実態に即しているようにする。
> 安全で健康に働くことに従業員にもコミットさせる。

視力
無料の視力検査や最適化されたパソコン画面で視力を守る。

照明
適切に設計された照明設備は目の疲れを軽減し、仕事を効率よく行うことができる。

空調 システム
濾過された清浄な空気、十分な換気、室温の調整により従業員の健康を支える。

ソフトウェア
操作が簡単で理解しやすいプログラムは従業員のストレス回避に役立つ。

仕事場
快適に仕事できるように、仕事机や作業空間は従業員の要望に合わせて設計されなければならない。

備品
オフィス用家具は、さまざまな使用者に合わせて調節可能な、正しい姿勢を保てるものであるべきだ。

騒音
防音技術で聴力を保護し、騒々しい環境が生産性におよぼす影響を軽減する。

安全標識
重要な警告は人目につきやすい場所にわかりやすく表示しなくてはならない。

人材流出の防止

積極的に業務に取り組み勤勉に働く従業員は、どんな組織にとっても大切な資産である。従業員の能力を伸ばしてうまく生かし、組織につなぎとめておくことはマネジメントの重要な部分である。

優秀な人材をつなぎとめる

　優秀な従業員を効果的に管理し、できるだけ長く組織のために全力を尽くしてもらうことは、どの組織にとっても重要である。仕事のできる従業員は会社の成功と将来に貢献してくれるが、従業員が離職すれば、その補充にはコストもかかる。

　したがって、すぐれたマネジャーは、従業員を励まし、何か問題があればすばやく対処することで全員が満足した状態にあるようにする。しかし優秀な人材を引きつけておくにはチャレンジングな任務を与え続ける必要がある。加えて、やる気を保つために建設的なフィードバックも必要である。優秀な従業員には昇進やボーナスなどの金銭的インセンティブだけでなく、自主性を与え、独自のプロジェクトを任せるべきである（144-45頁参照）。

　従業員は評価されていると感じれば組織にとどまる。マネジャーは従業員を信頼し、意見を尊重し、不満を抱えているのであれば耳を傾ける必要がある。従業員が退職を決意したなら、退職理由を聞き、慰留のために何ができるかを明らかにするのはよいことである。

従業員の離職

労働市場が柔軟になっている今日、転職者の数は以前よりも増えている。欠員の補充に高いコストをかけなくてすむよう、マネジャーは従業員が最初から組織に歓迎されていると感じられるようにすべきである。さらに業務に対する明確なガイドラインを定め、従業員が仕事に集中してやる気を保てるようなインセンティブを与えるべきである。

1 初日
　新入社員には用意しておいた作業場で比較的容易な仕事を与え、歓迎のランチや軽食などの席をもうけて同僚と知り合うようにする。

2 試用期間の開始
　新しい従業員が慣れ、仕事ぶりをマネジャーが評価できるよう、試用期間を開始する。

離職率の計算

従業員の離職率を計算することで、会社は人材の損失と雇用にかかる経費を監視することができる。一定の期間、たとえば1年間に離職した従業員の割合は次の式で出す。退職者の数を従業員数の平均値で割り、出た数字に100をかける。

$$\frac{退職者の数}{（期初の社員数 ＋ 期末の社員数）÷ 2} \times 100$$

世界全体の
平均**離職**率は
10.9%

LinkedIn、2017年

4　動機づけ
定期的に仕事ぶりをほめてフィードバックを与え、新たな仕事に挑戦してもらい、組織内で成長する機会を与えることでやる気をもたせる。

3　役割と責任
役割と責任について話し合い、従業員が各自の目標を理解するようにする。

6　離職
従業員が退職を決意したら、退職の理由と、どうすれば引き留めることができるか話し合うために、質問表への回答か退職者面接への出席を勧める。

5　インセンティブ
業績のいい従業員にはボーナスや昇給、昇進などの金銭的報奨、あるいは民間健康保険などの会社給付を提示する。

事例研究

ザッポス

ネット通販のザッポスでは、従業員の維持・定着（リテンション）は会社にふさわしい人物の採用から始まる。空港まで志願者を迎えに行く運転者も、会社に適した人材かどうかの判断に関与する。新入社員は４週間の有給の研修後、会社が合わないと思えば、辞退と引き換えに2,000ドルが支払われる。そのため、残ることを選んだ者はみな全力を尽くすようになる。

従業員の離職にかかるコスト

米国人材マネジメント協会によれば、離職した従業員の補充には、その従業員の年収の50～60％のコストが企業にかかる。離職率が高い時、マネジャーは、従業員の間に広がる労働意欲の低下により、生産性も下がることがないよう気をつけなければならない。

補充採用コスト

人件費

研修時間

生産性の低下

減収

労働意欲の低下

従業員の要求に応える

仕事に対する満足は、高い給料だけでは得られない。感情的・心理的ニーズが満たされれば、仕事のパフォーマンスはもっと向上する。

個々の従業員を理解する

　成功するマネジャーはメンバーのやる気を引き出すものが何かを理解している。メンバーが集中し続け、会社に対する忠誠心を保ち、仕事の目標を達成するための秘訣である。人の行動を動機づけるものに関する解釈でもっとも有名な仮説が、米国の心理学者エイブラハム・マズローの「欲求の階層」説である。この説は科学的に検証されておらず批判も多いが、マネジャーが従業員のニーズを見極める際に参考になるだろう。

欲求の階層

1943年、マズローは論文「人間動機づけの理論」を発表し、欲求を満足させるために人間を行動へと駆り立てるものを「欲求の階層」と呼んだ。彼の思想は、下位の生理的欲求から始まって、各段階が満たされるにつれて、感情的欲求や精神的欲求まで達するピラミッドの絵で表される。

✓ おさえておこう

> **すべての人**が同じ順番で欲求に優先順位をつけるわけではないし、自己実現は全員の目標ではない。したがって人によっては階層の順序を変える必要があるかもしれない。

> **マズローの階層説**は米国での行動研究に基づいているが、国によって行動は異なるので、マネジャーは文化による違いに注意すべきである。

> **欲求の多く**は感情に基づいていて、非常に主観的なため、各レベルの満足度を測るのは難しい。

5 人生の目的
指針を与え、キャリアアップのための道（キャリアパス）を促進し、一人の人間として個々の従業員に心から関心を持つ。

自己実現の欲求
理想の自己像との同一化を目指す。自分に忠実に生きる欲求

↑ **存在動機**
↓ **欠乏動機**

承認の欲求
成績や業績で他者に認められる時に、人は自己満足を感じ始め、自尊心を築くのに役立つ

愛と所属の欲求
人は集団に属していると感じることを好む——他人と親しい関係を築いて、自分が受け入れられ、気づかわれていると感じる必要がある

安全の欲求
雨風をしのぐ安全な家と安定した労働環境は、仕事でさまざまな人とつき合う中でも安心感を抱くのに役立つ

生理的欲求
人のもっとも基本的な欲求は生存にかかわる。呼吸のための空気、食べ物、水、暖房、睡眠、風雨をさけるための場所があること、子どもをつくること

4 よくやった！
従業員を励まし、いい仕事をした時は称賛し評価する。

3 労働意欲を高める
チーム内に積極的な姿勢をはぐくみ、ダイバーシティとメンバー間の親睦を促進する。

2 将来の保証
従業員に十分な額の給与を支払い、安全で信頼できる清潔な労働環境を提供する。

1 快適さ
従業員に休憩や無理のない労働時間、十分な条件を提示する。

X理論とY理論

働く意欲を引き出すもの（モチベーション）に関して、米国の経営学教授ダグラス・マクレガーは人のふるまいを2つの観点から示した。X理論では、従業員は本当は働きたくないので、報酬で誘うか、働かないと罰しなければならないとする。Y理論は、従業員は自発的であり自らを向上させるために働くので、創造性を奨励することで一番うまく管理されるというものである。

動機づけと報酬

熟練したマネジャーは、チームの従業員の意見に耳を傾け、それぞれの価値観を受け入れ、成功に報い、やる気をなくす原因を取り除くことでダイナミックで献身的なチームを育てあげる。

従業員のやる気を持続させる

やる気のある従業員は職場で積極的に業務に取り組み努力する。ほとんどの会社はやる気を示す従業員を称賛し、あまり熱心でない従業員には、勤勉に働いて進歩と成果を示せば報いるプログラムを用いて対処しようとする。

報酬には2種類ある。昇給や昇進、ボーナスなどの有形の報酬と、称賛の言葉、やりがいがあり魅力的な仕事、キャリア開発の希望など無形の報酬である。従業員に報酬制度をどのように適用するかが従業員の動機づけに大きな影響をおよぼす。すぐれたマネジャーは主として無形の報酬を活用し、可能な場合には有形の報酬も用いる。従業員にやる気を出させることができなければ、離職者が増え、仕事の能率が下がる。

従業員によって、どの報酬を価値あるものと考えるかは異なる。管理職になることを願う者もいれば、好意的な評価や、もっと大きな責任を任されることを望む者もいるだろう。有能なマネジャーはそれぞれの従業員に一番合った報酬を選び、業績向上に努めなければならない。

ハーズバーグの2要因理論

1958年に発表された米国の心理学者フレデリック・ハーズバーグの2要因理論は、従業員の仕事ぶりに影響を及ぼす要因を、「動機づけ要因」と「衛生要因」に分けた。ハーズバーグは達成、表彰、責任などの動機づけ要因はエンゲージメントを高める可能性が大きいと考えた。とはいえ、給料や地位の低さ、不安定な雇用などの衛生要因が解消されない限り、どんなに動機づけ要因がすばらしくても、従業員はやる気を失うだろう。

エンゲージメントと労働意欲（モラール）

マネジャーは従業員が業務に積極的に関与しているかを認識すべきである。意欲のない従業員は周囲に悪影響を及ぼす。しかも退職する可能性も高い。

> **意欲があり積極的に取り組む従業員**はプライドをもって働き、同僚に対して積極的に自分の役割を伝え、会社とのつながりを感じる。イノベーションと収益性を推進するのに役立つ。

> **意欲に欠ける従業員**は重要な責任は果たすが、情熱や根気があるようには見えない。

> **会社に反感をもつ従業員**は毎日のように自分の不運と不満を同僚に示すため、チームの士気を低下させる

やる気のある従業員は
そうでない従業員よりも
21%
生産性が高く
22%
高い利益を上げている

ギャラップQ12の調査結果、2016年

動機づけ要因

やりがいの
ある仕事
仕事が面白く、興味をそそり、やりがいや価値があれば、従業員はやる気を感じる。

達成感
マネジャーは従業員に明確な目標を設定して、仕事に誇りをもって業績を上げるようにする。

称賛と表彰
称賛の言葉や肯定的な評価、成果の表彰は仕事に対する満足度を高め、従業員の意欲を引き出す。

責任と自主性
すぐれたマネジャーは、「細かいところまで管理する」のではなく、従業員に仕事に対する責任を与える。

成長と経験
成長や自己啓発のための機会はやる気を起こす重要な要因である。

キャリア開発
従業員、特に若手や経営者的役割に野心を抱く者は、昇進すればやる気を感じる。

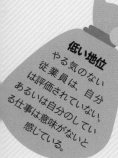

低い地位
やる気のない従業員は、自分は評価されていない、あるいは自分のしている仕事は意味がないと感じている。

不公平な
賃金
給与が業績を反映しないのであれば、従業員は仕事を怠けるようになるだろう。

衛生要因

劣悪な
条件
長時間労働と貧弱な設備や備品の不足は従業員のやる気をそぐ可能性がある。

雇用不安
職を失うリスクを負っているのであれば、従業員は仕事に積極的に取り組みそうもない。

職場での人間
関係のまずさ
従業員同士、あるいは従業員と管理職の間の関係が悪いとやる気を失わせる。

チームの育成

チームのスキルを向上させ、成長を促し、挑戦の機会を与えて結果を引き出すことはきわめて重要である。これがうまくいくとメンバーのやる気が高まり、チームが団結し、高いパフォーマンスが生み出される。

チームを最大限に活かす

あるタスクやプロジェクトを完成させるために、マネジャーが既存のチームを引き継いだり、新しいチームを立ち上げたりする時、チーム育成が始まる。チームを招集し、従業員が団結して一緒に働き、困難に立ち向かい、問題を解決し、結果を出すように促す。適性を伸ばすことや、個々の要求を受け入れて対処することも含まれる。

行動心理学者は、最初のミーティングからプロジェクトの引き渡しまで、チームをまとめあげるカギとなる段階を明らかにした。このプロセスを説明するモデルの中でもっとも有名なのが、米国の心理学者ブルース・タックマンが1965年に提唱した4段階のFSNPモデル（タックマン・モデル）である（下記参照）。従業員もそのプロセスを知っておけば、マネジャーは従業員に自身の行動を観察し、経験を理解するよう促すことができる。

同時に、個々の従業員の能力を伸ばすことも重要である。定期的にフィードバックや新たなタスク、支援材料、メンターを与えることなどで成果を促す。

タックマン・モデル〔FSNPモデル〕

タックマン・モデルはチームが成長する過程でみられるさまざまな段階を説明する。正しい方向に進ませるために、各段階でマネジャーはさまざまなテクニックを使うことができる。このモデルは今でも、多くの組織で行われている慣習の基礎となっている。

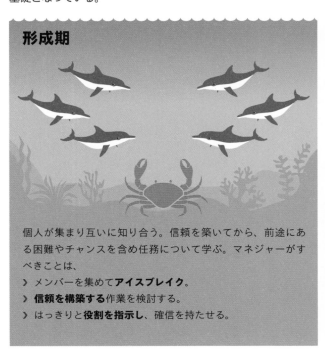

形成期

個人が集まり互いに知り合う。信頼を築いてから、前途にある困難やチャンスを含め任務について学ぶ。マネジャーがすべきことは、

> メンバーを集めて**アイスブレイク**。
> **信頼を構築する**作業を検討する。
> はっきりと**役割を指示**し、確信を持たせる。

混乱期

関係が進化すると、従業員は考えを言葉に表し始める。中には優位に立とうと競い合う者も出るかもしれない。この段階ではマネジャーの強い指導力をチームは必要とする。マネジャーの務めは、

> **対立の可能性を見極めて**、慎重に仲裁する。
> 目標に集中し続けるために確かな**指導力を発揮する**。
> 個々の従業員を支える**準備をする**。

✓ おさえておこう

> **散会期**とはタックマン・モデル〔FSNPモデル〕の最終段階で、プロジェクトが終わり、チームが解散する時のことを表す。メンバーの中にはこの段階が近づくことで動揺する者もいるかもしれない。
> **迅速な信頼関係（スウィフト・トラスト）**とは、主としてバーチャル環境で、十分に信頼を築く時間がない場合、迅速に仕事関係を構築することを意味する。

「集まることが**始まり**であり、一緒にいることが**進歩**であり、一緒に働くことが**成功をもたらすのである**」

ヘンリー・フォード、フォード自動車会社の創業者

チームを育てる

マネジャーは定期的に従業員の評価を行い、下記の例のように、成長する機会をもたらすことで、従業員が向上する手助けをすることができる。

> 新たな従業員にパートナーをあてがう
> コーチングセッションの予定を立てる
> 経験豊かな同僚のそばで働く機会を与える
> もっとやりがいのあるタスクを任す
> 新たなスキルを身につけるため組織の他の部署に異動できるようにする
> キャリア開発のためにメンターをあてがう
> 専門的な能力の開発のための研修コースを準備する
> 関連する専門機関の会員になることを奨励する

規範期

従業員が協調して円滑に仕事を進め、それぞれが自分の役割に責任を持ち、結果を出すために集中し続けている時、チームは均衡を見出す。マネジャーの務めは、
> 進捗状況をチェックするために**定期的にフィードバック・セッションを行う。**
> 自己満足の兆候を察知することで、**注意を喚起する。**
> 小さな成果でも**激励し**報酬を与える。

実行期

今やチーム従業員が主導権を握っていて責任も増している。チームはもうあまり指示を必要としないので、マネジャーの務めは、
> **必要以上に介入せずに**チームの好きなように仕事をさせる。
> ある程度の**チャレンジは認める。**従業員が互いの意見を尊重するならこのことは問題ではないし、イノベーションをもたらす可能性があるからだ。
> 個々の従業員に備わっている、キャリア形成に役立つ可能性のある**才能を発見する。**

SMARTマネジメント

従業員にタスクを割り当てる前に、まずはそのタスクの主要な目的を明確にすることが不可欠である。SMART目標を設定することにより、タスクが順調に遂行される。

目標を設定する

ピーター・ドラッカーの「目標管理」（122-23頁）のような取り組みは、会社が目的を達成するのに役立つ有効な手段である。そうした試みは目標の設定と目標達成へのプロセス作りを必要とする。しかし日常の業務に対しては、SMARTプランニングの方が有効である。具体的（Specific）、測定可能（Measurable）、達成可能（Achievable）、現実的（Realistic）、時間軸（Time-based）、を表すSMARTは米国人コンサルタントのジョージ・T・ドランによって1981年に提唱された。そのシンプルな手法は、さまざまなアドバイスにまどわされて混乱しているマネジャーを手助けするためであった。ドランは、効果的であるには、目標は5つの基準すべてを満たす必要はないとした。とはいえすべての基準を達成するようになれば、それだけうまくいく。

SMART目標を設定後は、目標を達成するための具体的な行動計画を作り出すことが重要である。

SMARTプランニング

SMARTは取り組みが容易なので、目標の設定と達成のためにもっとも広く普及している手法の一つである。組織の各目標が5つの基準と比較して評価されることになっているため、マネジャーとチームメンバーが一致したやり方で仕事に取り組むことができる。また、漠然としていたり、評価が難しかったり、いつまでたっても達成されそうにないような目的を設定するリスクを減らす。

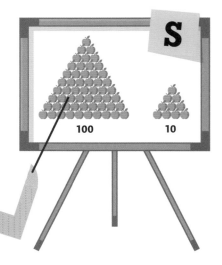

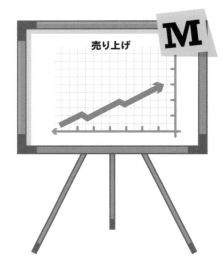

S：具体的

「もっと多くのリンゴを生産する」など、望ましい結果について漠然と述べるのではなく、「リンゴの生産量を1日あたり10個から100個に増やす」のように、はっきりとした数値目標を設定する。目標を達成するのに何が必要か、なぜそれが重要なのか、だれが関与しているか、どの時点で起きるか、どんな資源が利用できるか、具体的に挙げる。

M：測定可能

課題設定を終えたら成果が評価できるよう、目標を定量化する。測定する体制──1日に採取したリンゴの数の記録など──を整え、仕事の開始時だけでなく終了時にも測定する。

「**目標**と……**行動計画**が企業の**管理プロセス**の中でもっとも**重要な段階**である」

ジョージ・T・ドラン

目的と目標

経営管理の専門家は長期的な目的（ゴール）と具体的な目標（オブジェクティブ）の違いについて論じることが多い。

目的

> 概念的な表現
> 組織の長期的展望に従う
> 感情に訴える言い回しを用いる
> マネジャーが向かうべき事業の方向を明確にする
> 想いを語る
> 長期間継続して掲げられることが多い

目標

> 目的を達成するための各段階
> 通常は定量化と測定が可能
> 事実に基づいた言い回しを用いる
> 目的の達成がチームメンバーの労働意欲を高めるため、動機づけとなる
> 長期的な目的を支える
> ほとんどは短期的で、特に部署レベルで設定される

A：達成可能性
グループに目標を達成するのに必要な能力があるかどうか調査する。リンゴの栽培であれば、生産を増やすことができる園芸の専門家を必要とするかもしれない。彼らには果樹を栽培するための専門的な知識や技術があるからだ。

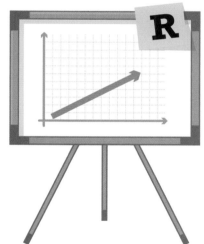

R：現実的
すべてのタスクが実行できるようにする。現在の制約と条件を考慮に入れても結果を出せるかどうか調べる。果樹園の借地契約が切れそうならば、先に契約の再交渉もせずに事業の拡大を推し進めるのは非現実的である。

T：時間軸
目標達成の納期を設定する。現在あるリンゴの木は翌年の収穫を増やすために冬に剪定する必要がある。収穫、つまり生産を大幅に増やすには2年かかるかもしれないので、このことを考慮に入れる。

信頼の構築

信頼は得難く失い易い。プロとしての評価を築き維持する上で、信頼は何よりも大切である。信頼の機能を理解することはマネジメントのあらゆる側面の支えとなる。

言葉よりも行動

人生のあらゆる面において同じことが言えるが、マネジャーは発言する内容によって信頼を得るわけではなく、どう行動するかで信頼を獲得する。職場の調査によれば、従業員は自分の上司が正直かつオープンにふるまい、責任をもって行動することを望む。

まずマネジャーは、自分が従業員を信頼していることを示して、約束を守り通す意思を示さねばならない。チームのメンバー同士と、従業員と会社の間でも信頼を育てることが重要である。またマネジャーは、自身の行動がどれだけ職業上の倫理にかなっているか、そして職場の人からどれだけ見られて観察されているか、よく考えるべきだ。

マネジャーとチームの間で、またチーム内に信頼を確立することは組織の成功によい影響をおよぼすだろう。従業員は仕事に積極的にかかわろうとするだけでなく、組織を信頼し、組織を支持する可能性が高い。従業員が話し合うことを奨励し、信頼構築トレーニングを行い、常に正直で困難な状況についてオープンに語ることで信頼を築くことができる。

微妙なバランス

従業員の同僚や上司に対する信頼が高いほど、チームはより強固になり生産性も高まる。公私両面で倫理的に適切にふるまい、組織内で何が起きているか、またどれだけ素晴らしい仕事をしているかを率直に授業員に伝え、ミスを犯したことを素直に認めるマネジャーは、信頼に値するとみなされる。ここに挙げたのは、職場で相互の信頼を築く方法である。

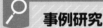

事例研究

ヒューレット・パッカード（HP）

1998年、HPは『フォーチュン』誌の「もっとも働きやすい企業100社」に選ばれた。しかし翌年、業績は好調であったにもかかわらず、新しい経営陣が同社の戦略を大きく転換したため、従業員は正当に評価されていないと感じるようになった。その後業績が低迷すると、人員削減をしない約束で給与を引き下げたが、結局6,000人の従業員を解雇した。2001年のコンピュータ大手のコンパックとの合併ではさらに多くの従業員が職を失い、社員第一主義を掲げてきたHPの伝統に終止符が打たれた。

従業員の
30%は
自分が勤務している
会社を**信用していない**」

エデルマン・トラストバロメーター、2016年

責任をもって問題に対処する
——マネジャーの信望は、危機の間に確かなものとなるか、そこなわれる。

困っている人のためになる方法を奨励することで、**社会意識をはっきりと表明する。**

個人的な価値や過去のミスについて話すのはかまわないが、あまり多くの情報を明かさないよう気をつける。

透明性を高くする——誤りを隠ぺいするのではなく誤りを犯したことを認める。

従業員に対する**信頼を示す。**一挙手一投足まで監視するなら、彼らはあなたのことを信頼しなくなるだろう。

中立的な立場をとって**社内ゴシップを避ける**——陰口や辛辣な批判にかかわらない。

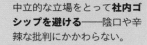

組織の状態について正直に情報を伝え合うことで**チームメンバーをエンパワーメントする。**

フィードバックを与え、自身も受け取る、誠実かつ前向きでいる、そしてチームメンバーも意見を言えるようにする。

従業員間の対立

うまくいっているチームでも、対立が生じる時はある。ささいな意見の違いが深刻な事態になる前にその兆候を察知し、あらかじめ手を打つことが大切である。

対立（コンフリクト）の監視と理解

　マネジャーは組織内で良好な人間関係を維持するよう努めるべきだが、緊張状態にある時には個人やチーム、部署が真っ向から対立する場面が起こりうる。何の対処もなされなければ、こうした状況は従業員の労働意欲だけでなく企業文化や業績に有害な、本格的な対立に至る可能性がある。どんな対立状況でも、根本的な原因を特定し円満に解決に達することが重要である。対立が生じていることをマネジャーが伝え聞く時には発生からしばらく経っている場合もある。個々のチームメンバーをよく知り、それぞれが逆境に対してどう反応するかをわかっていれば、争いの初期の兆候を見抜ける（左下のコラム参照）。タイミングも重要である。状況が深刻化する前に断固として対処するマネジャーであれば、部下の尊敬を勝ち取るだろう。早い段階で争いを解決できなかったり、対立が職場での待遇や会社のやり方への不満を含んでいたりするのであれば、ほとんどの組織に正式の手続きがあるはずなので、マネジャーはそれに従うべきである。

５つの主な兆候

組織内の対立の負の影響はさまざまな形で現れる。状況が悪化するのを防ぐためには、マネジャーが次の兆候を認識できなくてはならない。

- **意欲の喪失**：従業員が会議に出席したり新たなタスクへ志願したりするのをいやがるようになる。
- **自分の殻に閉じこもる、あるいは反抗的な態度**：人をあおりたてるような発言をする、あるいは以前より社内の活動に参加する機会が減っている。
- **生産性の低下**：従業員の間で協力し合うことが減ると仕事は効率的に進まなくなり、回避できるはずのエラーが増えていくことが多い。
- **欠勤の増加**：うつ状態や職場のストレスが原因で、長期にわたり体の具合が悪くなったり出勤する気力を失ったりすることもある。
- **否定的な反応**：従業員アンケートなどの調査は組織の内部にひそむ不満を明らかにするのに有効である。

対立の解決に向けて

対立に対処するために組織が定める手続きは、一般に、マネジャーが従うことができる公式と非公式両方のガイドラインを含む。ささいな対立であれば、当事者の間だけで対処されることもあるが、深刻な場合には、より正式な手続きに則った対応を必要とする。

対立の回避

> **すばやく行動する**
> 対立が疑われる時はすばやく行動して、対決するよりはむしろ、不正行為の証拠をつかみやすくする。問題への対処が遅れれば、チームメンバーはマネジャーに失望する可能性がある。

> **メンバーの限界を知る**
> もめごとへの対処法は人により異なるので、個々のメンバーの限界を心得ておく。

> **一貫したコーチングを行う**
> もっと客観的に問題に対処するための情動のスキルを従業員が身につけるよう、一貫したコーチングを行い、従業員が対立を回避できるようにする。

> **意見の違いを尊重する**
> 意見の違いを尊重し、異なる価値観を持つ従業員に対しても平等に接することで争いを回避する。

> **緊張状態を防ぐ**
> 緊張を高めて不機嫌をもたらす原因である長期間のストレスを従業員が感じなくてすむよう、仕事量を管理することで緊張状態を防ぐ。仕事について従業員と話す。

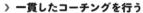

大きな対立
労働裁判所に申し立てる

公式の措置
独立機関による仲裁（和解）の請求

大きな対立
他の従業員に対する正式な抗議

公式の措置
抗議に対処するために会社の手順に従う

ささいな対立
競争関係やストレス、恨みの兆候が継続して見られる問題

非公式の措置
非公式にその状況について当事者と話し合い、根本的な原因に対処する

ささいな対立
一回限りの意見の相違

非公式の措置
当事者の話に耳を傾けるが、批判はしない。問題が続く恐れがあれば、継続的に記録を残す。

権限委譲

権限の委譲——部下に特定のタスクないし役割を遂行する権限を与えること——はマネジャーにとって人材開発の中核をなす手段である。従業員をエンパワーメントし、組織をより活性化させる。

権限をゆだねる

タスクをチーム内で割り振ることはマネジメントの基本原則であるが、効率よく働くためにはマネジャーが権限を委譲、すなわち自身の責任や権限の一部を他の者に引き渡す必要がある。これには二重の効果がある。マネジャーは時間が空き、より上位のタスクに集中できる。抜擢された従業員は、信頼されたという事実と、自らのスキル向上のチャンスを得たことにより、よりエンパワーされたと感じる。加えて、新たな経験と責任を得ることで、チームに対する重要性が増す。

部下に責任を委譲することにより、新たな挑戦に立ち向かう際、チームを活性化させる。また権限を委譲された従業員はプロジェクトにオーナーシップを感じるようになる。ある任務の権限をさまざまな従業員に順番に委譲することで、マネジャーはチーム全体の能力と適応を高めることができる。

効果的な権限の委譲

結果に対する責任は従業員〔部下〕が負うことになるため、最初のガイダンスはもちろん、業務をどう引き継ぐかが重要である。マネジャーは、新しいタスクを既存の業務にどう組み込むかを含め、直接関連する要因を認識させ、部下が権限委譲に備えられるようにしなくてはならない。

1

どの部下がもっともふさわしいか考える

> 誰がそのタスクをこなせるか?

> 今の仕事にやりがいを感じておらず、新しいタスクを任されることで恩恵をこうむるのはだれか?

> すでに能力の限界に達しているか?

> 興味を示しそうか?

2

プロジェクトを行うのに十分な権限をその従業員に与える

> 期待に応じ、納得していることを確認する。

> 従業員を細かく管理しすぎないよう干渉を避ける。

> その従業員が一定の自立性を有していることを同僚に強調する。

3

明確な目標とガイドラインを設定する

> タスクの中で交渉の余地のない側面をはっきりと説明する。

> 許可なしにできることとできないことを明確にする。

> 明確なスケジュールを伝え、締め切り時間と期限を設定する。

> その従業員が仕事をもっと効率的にすることを認める。

いつ権限を委譲するべきか

マネジャーが常に取り組むべきタスクもあるが、部下に権限を委譲できるタスクも多い。たとえマネジャーが責任を引き渡すことに前向きでないとしても、それは重大な障害であるというよりは容易に変わりうる態度の問題であることが多い。

> 「権限を委譲する時間がない。自分でやる方が早い」
> 部下に指示を与えるのは時間がかかるが、いずれ必要となることを早いうちに理解してもらえば、後で役に立つだろう。

> 「私ほどうまくこのタスクをこなせる者はいない」
> 経験や専門技術を伝えるのは難しいが、正確な情報と訓練があれば部下は期待に応えるかもしれない。とはいえ、業績評価や懲戒処分、機密事項など、権限を委譲すべきではない業務もある。

> 「部下はすでに多くの仕事を抱えている。彼らに過剰な負担をかけたくない」
> 部下は忙しいかもしれないが、スキルや経験を増やすいい機会だろう。

46%
の企業が
従業員の**権限委譲の**
スキルについて
憂慮している」

企業生産性研究所（i4cp）、2007年

公正かつ理性的に
> タスクを果たすために必要な、予算などの適切な資源を提供する。
> 各段階を終えるために十分な時間を割り当てる。
> 従業員が必要とするなら支援や助言を与えられるようにしておく。

権限を委任された従業員のパフォーマンスを評価する
> 初めてその仕事を行っているのなら、メンターをつける。
> 様子をうかがい、建設的なフィードバックを返す。
> それぞれの段階で成果を認め、励ましの言葉をかける。

責任を持ち続ける
> プロジェクトの結果に責任を持ち続ける。
> 従業員がきちんと成果を出していなければ、①から⑤のステップを見直し、必要なら改める。
> もし可能なら、プロジェクトの白紙撤回を回避する。
> 結果を評価して従業員にフィードバックする。

ビッグアイデア

新しいアイデアを生み出す方法の一つであるブレインストーミング・セッションは、問題解決とイノベーションにとても役立つ。正しく用いられるならば、ブレインストーミングでブレークスルーを生み出すことができる。

成功するブレインストーミング

ビジネスにイノベーションは必須だが、日常の仕事の中で新しいアイデアを生み出す機会は限られている。1948年、広告会社の幹部アレックス・オズボーンは、独創的なアイデアの欠如が企業の成長を妨げている要因であることを発見し、「ブレインストーミング」の技法を編み出した。ブレインストーミングは、どんなに奇抜な考えでも自由に出し合うことができる、意見交換の場である。そこで出た

アイデアが評価され、発展し、採用されることもある。

集団でのブレインストーミングでは、多様な個人を含めることが成功の秘訣である。経験の異なる多様な分野の人々が入ることで、より大きな創造性を発揮することができる。適切な問いを発することも重要である。セッションが的を絞っているほど、参加者は意見を出しやすくなる。提案されたアイデアはすべて記録し、もっとも有望なアイデアをフォローアップのためにリスト化するとよい。

集団、それとも単独で？

専門家の間では、個人でのブレインストーミングと集団でのブレインストーミングのどちらが効果的かをめぐり、意見が分かれている。一人の方が、他人の影響を受けないため、より多くのアイデアを出す場合もあるが、集団でのブレインストーミング・セッションは、メンバーのエンゲージメントを高め、解決策への賛同を増し、多様なアイデアを生み出すのに有効である。しかし集団の規模が大きくなるにつれ、一人が生み出すアイデアの数は減少するため、5〜7人に制限するのが理想的との研究結果がある。メリットとデメリットを勘案して両者を組み合わせるのがよいだろう。

**個人での
ブレインストーミング**

ブレインストーミングだけの場合、観念を自由に解き放つ方法として次の手法がある。

❯ **「フリーライティング」**は、一定の時間内に心に浮かんだことを何でも自由に書き出す。
❯ アイデアを結びつけるために**「マインドマップ」**を作成する。

数多くのアイデアを生み出すためにもっとも効果的

「ブレインストームとは**脳を使って**創造的な課題を攻略することを**意味する**」

アレックス・オズボーン 『創造力を生かす』、1948年

事例研究

3Mと30%ルール

米国の多国籍企業3Mの幹部はブレインストーミング・セッションから生まれたアイデアの支援に取り組んでいる。各部門がもたらす売上高のうち30%は、過去4年間に生み出された新製品の売り上げが占めなければならないとするルールを導入した。これがきっかけとなり、従業員はイノベーションの意識を高め、新製品を提案するようになった。

ブレインストーミングのための主なヒント

セッションの開始時に一定の制限が設けられると、ブレインストーミングの際に創造性が発揮される

> セッションでより集中したアプローチを可能にするために目標を一つに絞って**明確な指示を与える**。

> 確実に全員が参加するようにするだけでなく、参加した従業員を管理し、どの参加者も他の人のアイデアをはねつけて創造性を抑えつけないようにすることで、**秩序を維持する**。

> 問題を提起するような**質問を投げかける**。たとえば、「会社のプロジェクトの中で最大の障害は？」、「どうしたら新しい市場を特定できるか？」、「どうしたら取引先や顧客に影響をおよぼすことなく会社がコストを削減できるか？」など。

集団でのブレインストーミング

成功するグループセッションのためのヒントを挙げると次のようなものがある。

> マネジャーとチームがアイデアに集中できるよう、**外部の進行係を利用する**。

> セッションに**時間制限を設ける**。

> 電子機器など、セッション中に気を散らす可能性のあるものを**すべて片づける**。

> できる限り多くのアイデアを出すよう**参加者に促す**。

> **批判を差し控える**——どんなアイデアも等しく取り扱う。

> 奇抜な、あるいは見込みのあるアイデアに**優先順位をつける**。

> 提案をもとに**発展させ**磨きをかける。

> 会議の後にさらに浮かんだアイデアを参加者が提出できる**期間を設ける**。

チームによる相乗効果（シナジー）と解決策への賛同を生み出すのにもっとも効果的

ティーチングとコーチング／メンタリング

ティーチングとコーチング／メンタリングによる従業員の育成は、現代のマネジメントの一部となっている。従業員が確実に業務に関連した訓練を受けることにより、積極的な仕事への取り組みと、生産性の向上を維持する。

ガイドとしてのマネジャー

すぐれたマネジメントの重要な側面には、従業員が最大限の能力を発揮できるようにするための、従業員の指導と訓練が含まれる。コーチングとメンタリングは以前からあったが、近年一般に普及し、今では従業員研修や養成プログラムに組み込まれていることが多い。現場での経験と実務に関する知識があるマネジャーは、こうした訓練を管理するのにうってつけの立場にある。

一般に、ティーチングの期間は短く、仕事に関連するスキルを従業員に教えるマネジャーか他の従業員が担当するが、外部のトレーナーを必要とする場合もある。メンタリングとコーチングでは、熟練者が長期にわたって、知識と専門家としての判断力を築き上げる

ことに焦点が置かれる。マネジメントにとって、これらの手法のメリットは、従業員が仕事をするための適切なスキルをすぐに習得し、可能性を

最大限まで高めることである。従業員は自分が評価されていると感じるため、より長く職にとどまり続けるようになるという副次効果もある。

ティーチング

> **短期の訓練**で、従業員の仕事に関連した新たなスキルを教えることを目的とする。
> 仕事の中でも**特定のタスクや分野に限定され**、従業員が差し迫った問題を解決するのに役立つ。
> 従業員が実際に遭遇することになる仕事上の状況で**どのような手段を講じるべきか**要点を明確にする。
> 従業員のできばえに関してマネジャーに対して**即座にフィードバックする。**

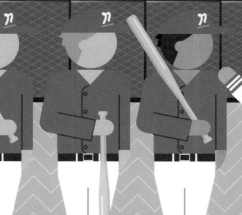

一人ひとりに合わせた訓練

ティーチングとコーチング／メンタリングは、それぞれ目的の異なる手法である。マネジャーが外部のトレーナーや熟練した社員を任命して、新入社員に仕事関連のスキルをティーチングしてもらう場合もあるが、社員のキャリアアップを手伝うため、自身が長期にわたりコーチング／メンタリングする場合もある。

事例研究

アメリカンエクスプレスの取り組み

アメリカンエクスプレスの経営陣は、従業員が退職すると失われてしまう知識を会社で保持していくため、ある取り組みを始めた。もうすぐ退職する予定の従業員に、責任を徐々に減らして、部下の教育や指導に時間を割くことを勧めたのだ。これにより退職を控えた従業員も、現役従業員を教育しながら、職場とのつながりと給料の恩恵をより長く享受することができる。

会社が従業員の**キャリア**に
投資するならば、

従業員の94%は
その会社で**もっと長く**
働き続けるだろう」

LinkedIn、職場での学びに関する調査報告、2018年

コーチング／メンタリング

> **長期のプログラム**で、マネジャーか、他の熟練した先輩従業員（マネジャーに報告を提出する）が1対1で指導する。
> 従業員が、プロとしても人間としても総合的に**成長すること**に焦点を合わせる。
> 事業目標が変わるにつれて変更できるよう、**目標（ゴール）を流動的に設定する**。
> 個々の従業員の成長に合わせて進化していく**課題（アジェンダ）がある**。

かかわりを持つ

従業員を個人的に指導する際にマネジャーが積極的な役割を演じる方法は多くある。

> 求めに応じられる**時間を作る**。
> **新しい従業員**が業務を遂行する時、**観察する**。
> タスクの進行状況について**非公式に語り合う**。
> **自己評価を求める**。
> **フィードバックを提供し**、将来の目標について折り合う。
> 新しい手法を試みるよう**促す**。

継続的な学習

職場の内部と外部の両方で従業員研修を継続的に実践することを、継続的な学習と呼ぶ。マネジャーがこれに積極的に取り組むことで、従業員のスキルとパフォーマンスを向上させ、モチベーションを高めることができる。

従業員教育

マネジャーは人材育成に決定的な役割を演じる。それは組織内でのメンタリングから外部の教育機会の提供まで幅広い。従業員は仕事の中で経験を積みながら学ぶが、継続的な学習はそのプロセスを形式知化し、目に見える結果をもたらす継続学習「曲線」を通してサポートとリソースを提供する。学習プログラムは仕事のスキルだけでなく、知性と行動面の成長機会を含むべきである。

今日組織が直面している問題は、多くの従業員が、仕事を離れて研修コースに参加する時間がないと思っていることである。そのため近年では「仕事の中での学習（ワークフロー・ラーニング）」という概念が現れている。継続的な学習を率先して取り入れている組織は、従業員が必要な時にすぐに「マイクロラーニング」の教材を入手できるデジタルシステムを提供している（右上のコラム参照）。しかしどの組織でも、マネジャーは、自分のチームの従業員がもっとも必要としている学習手段を確実に利用できるようにすることで、従業員の育成に努めるべきである。

継続的な学習曲線

社員が継続的な学習曲線に沿って確実に進歩していくよう、マネジャーは成長の機会を幅広く提供するべきである。具体的な研修の種類——と、さまざまな学習を始める順番——は個々の社員と組織の必要性によって異なるだろう。

パフォーマンス

メンタリング
一対一の助言とキャリアパス・ガイダンスを利用する手だてを従業員に与える

継続的な専門的能力の開発
業界の認定団体による資格をもっと取得するよう促す

知識
社内研修だけでなく、外部の公的な研修に申し込ませる

初めの能力
新入社員のスキルと態度を評価する

継続的な学習曲線

継続的な学習がない場合の成長曲線

時間（年）

共同作業
他の社員とともに働くことで、新しい手法を学び、新たなツールを取得できるようにする

経験
新たなタスクを与え、ミスをしても許すことで社員の学習の手助けをする

マクロラーニングvsマイクロラーニング

多くの従業員は正規の「マクロラーニング」研修を受ける時間がほとんどない。そのため、パソコンを使った自習用の「マイクロラーニング」ツールが普及してきている。

マイクロラーニング	マクロラーニング
「今知る必要がある」	「新しいスキルを学びたい」
所要時間は5分くらいで、各自のデスクがベース	数時間から数日間は必要で、教室がベース
トピック／課題に基づく	概念、原理、実践
質問への回答を探す	課題一式を学び、専門家に採点される
索引つきの、検索可能なシステムに各自でアクセス	専門家から学び、指導と支援を得る
使いやすく、正確なデジタル・コンテンツ	講師や専門家が執筆した正式な教材
提供元：ビデオ、記事、マイクロラーニング・プラットフォーム、ワークフロー・ラーニング・ツール	提供元：連続講座、講習、企業研修プログラム

 事例研究

ウーバー・テクノロジーズ
ウーバーはヨーロッパや中東、サハラ以南アフリカでウーバー運転手の研修に役立てるため、携帯電話を用いたマイクロラーニング・プラットフォームを採用した。これを利用した運転手は、研修施設で講習に直接参加した運転手よりも13％早く仕事を始める準備を整えた。継続中のオンライン研修プラットフォームは、利用した運転手にお金を稼ぐ機会を多く与えたので、他の運転手に比べ、生産性と満足度を8％高めることに役立った。

パフォーマンス・マネジメント

従業員のパフォーマンスは、パフォーマンス・マネジメント・システム（PMS）を使うことで測定できる。これは従業員の目的（ゴール）を明確にし、成長の度合いについて定期的に話し合うことを可能にするフレームワークである。

継続的なフィードバック

パフォーマンス・マネジメント・システム（PMS）は、入社した日から退職するまで、その会社での経歴の全体にわたって、従業員がどれだけ成長したかを測定することを目的とする。

PMSを使うことで、マネジャーたちは従業員の成長を観察し、成長についてフィードバックする。経営者は、組織のどの分野で成長が著しく、どの分野がそうでないか、全体の状況をつかむことができる。

成長を測定するにあたって、マネジャーはベンチマークか目標を設定する。これが、その会社にいる間のエンプロイー・ジャーニーの出発点になるので、組織の価値観と一致させなければならない。成長は定期的にモニターされる必要があり、フィードバック・セッションはマネジャーに称賛や激励の言葉をかける機会を提供する。またマネジャーは、年度末か、決められた期間の後で、その従業員のパフォーマンスについての正式な報告を行う必要がある。

1. 計画

> 従業員が組織に加わり次第すぐにプロセスを**開始する**。
> パフォーマンスの見込みとゴールを個々の従業員と**合意する**。
> スケジュールと締め切りを明確にし期限のある目標を**作る**。
> ゴールはスタート時の職務記述書と**一致させる**。
> 一定期間ごと、通常は事業年度の初めに、ゴールを再検討し**設定し直す**。

4. 報奨

> 個々の従業員の成果が正式に**認められるよう**にする。
> 成果とゴールに応じて報奨を**与える**。この中には昇給、ボーナス、昇進、休暇も含まれる。
> 従業員がさらに成長する機会として一人ひとりに合わせたプロジェクトを**割り当てる**。
> 成果を公式に称賛することで同僚に**認められるように**する。

2. モニタリング

› 定期的にパフォーマンスを**測定する**。
  毎月ないし四半期ごとに見直す。
› 建設的なフィードバックを**与える**。
› 従業員が目標を達成できるよう**指導する**。
› ビジネス環境の変化で組織が優先事項
  を見直さざるをえなくなった場合はそ
  れに合わせてゴールを**調整する**。

パフォーマンス・マネジメント・システム

どんな組織にもあてはまるPMSは存在しない。組織
はそれぞれ、自分たちの価値観やゴールを反映する
システムを作り出さねばならない。それを成功させ
る上で重要なのが、組織の目標と一致したゴールに
向かって、マネジャーと社員双方がともにかかわり
あうことである。継続的な進歩を促し、悪い習慣を
身につけないようにするため、定期的なモニタリン
グやコーチングのセッションをもつことは、社員と
マネジャーの双方に役に立つ（右のコラム参照）。

継続的なパフォーマンス・マネジメント

近年、アドビやマイクロソフトな
どの組織は、パフォーマンス・マ
ネジメントを年単位で行うのでは
なく、臨機応変に見直しと検討の
機会を設ける方が有意義なことに
気づいた。こまめにパフォーマン
スを見直し、すばやくフィードバッ
クする方が、従業員の労働意欲
は向上する。

3. レポーティング

› レポーティングでは従業員のパフォ
  ーマンスを**評価する**。
› その従業員についての同僚（他のマネジャ
  ーを含む）からの意見に**耳を傾ける**。
› 従業員に軌道修正の必要があるなら修正点を
  明示する。
› 従業員が将来の計画を立てる**手助けをする**。

32%
の従業員は
自分のマネジャーから
フィードバックを得る
まで**3か月以上**
待たねばならない

オフィス・ヴァイブの調査報告、2016年

360度評価

従業員の能力を評価する体系的な手法である360度評価は、公正かつ総合的な全体像をもたらすために、従業員と仕事上のかかわりのあるさまざまな関係者の意見を照らし合わせることを必要とする。

広範囲にわたる評価

360度評価を最初に使ったのは第二次世界大戦の時のドイツ軍関係者とされている。その後1950年代にエッソ・リサーチ・アンド・エンジニアリングカンパニー、1980年代にジェネラル・エレクトリックが使用し、今では幅広い組織によって実施されている。

個々の従業員に対するフィードバックは、通常、同僚や直属の上司、部下、他の部署のマネジャー、さらには依頼人や取引先〔顧客〕からも回答が求められる。このように多方面から評価してもらうことで、マネジャーだけで作成された評価に比べ、その従業員の能力について偏りのない全体像がもたらされる。

360度評価は個人のパフォーマンスを総合的に示すとはいえ、特定の技能やターゲットに重点をおく勤務評価ほど詳細ではない。しかしマネジャーは、客観的ではあっても肯定的な態度でフィードバックを与えるべきである。そうでなければ、評価される従業員は回答者から得た批判的なコメントによって意気阻喪するかもしれないからだ。

部下
被評価者の直属の部下であるチームメンバーや従業員

構造化された質問票

360度評価のプロセスは、評価する側とされる側の両方に使われる、構造化された質問票を必要とする。評価する側は被評価者を、リーダーシップ、チームワーク、プランニング、パフォーマンスなど、関連のある部分に関して評価する。すばやくデータを分析して結果を出すために、現在では多くの組織がオンラインの質問票を利用している。

1 選択
信頼と信用を築くため、被評価者には評価プロセスの形成についての情報ができるだけ多く与えられるべきである。被評価者が、自身のパフォーマンスを評価する回答者たちを選ぶよう求められる場合もある。

2 質問票
質問票が回答者たちに与えられる。質問は自由回答式で、被評価者が進歩を示しているか、改善の必要がある特定の技能に焦点をしぼる。被評価者も自己評価のために記入する。

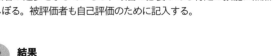

3 結果
回答はマネジャーが集め、被評価者と成績について話し合う。フィードバックは、被評価者が長所をさらに伸ばし、改善が必要な分野に取り組むのを促進するために活用される。

同僚
被評価者と同じランクの同僚

自身
被評価者が自分自身について
正直に報告する

マネジャー
被評価者の直属の上司や他の
マネジャーたち

取引先や依頼人
被評価者によって左右される
社外の人々

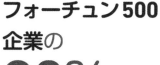

フォーチュン500
企業の
90% が
360度評価 を
活用している

テリ・リンマン、サンディエゴ州立大学、
カリフォルニア州、2006年

文化の違い

360度評価は世界中で実施されているが、文化の違いが「寛大化・厳格化傾向」によって結果に影響をおよぼすことがある。たとえば東南アジアの社会のように階級制が強固で根強い地域では、被評価者の感情を害するのを恐れて、あるいは尊敬の念から、実際以上に高い点数をつける可能性がある。また自身のパフォーマンスを過小評価する傾向もあるかもしれない。この結果、従業員が自分でつけた点数と他の人がつけた点数との間に著しい差が生じる。一方米国では、自己評価の点数と回答者の点数はほとんど差がないのが一般的である。多国籍企業が地域事務所〔現地の支店〕のパフォーマンスの比較をする時はこの点を考慮に入れる。

✓ おさえておこう

▷ **8人から10人の回答者を使うこと**でフィードバックの結果の信頼性を最大限にする。

▷ **地域によっては、**英国や米国、EU圏のように、会社が保管する、従業員に関する情報──360度評価の質問票から得られたフィードバックも含む──を見る権利が従業員に保障されている場合もある。

第 4 章

コミュニケーション

効果的なコミュニケーション

人がどのようにして視覚情報と文字情報を処理するか理解することは、すぐれたマネジメントの基礎である。効果的なコミュニケーションは、目的を明確にして有意義な関係を築き、生産性の高いチームを作り上げる上で欠かせない。

明確なコミュニケーション

『ハーバード・ビジネスレビュー』誌の定期購読者たちが、コミュニケーション能力を「幹部への昇進を可能にするもっとも重要な要因」としたのは、1964年のことであった。コミュニケーション不足の結果もたらされたビジネス上の大きな損失については、すでに多くの報告が裏づけている。

すぐれたコミュニケーション能力は、マネジャーの業務のあらゆる面において不可欠で、従業員に指示を与えたり、問題点について話し合ったり、フィードバックを与えたりする際、要点を明確に理解させることを可能にする。この能力には、適切な手段（176-77頁の「コミュニケーション・ツール」参照）とふさわしい手順を選択することや、適切な時に適切な質問をすることも含まれる。

従業員の話に真剣に耳を傾け適切に反応する能力は、相手に意欲を起こさせ、積極的な取り組みにつながるため、もう一つの中心的な要素となる（170-71頁の「積極的傾聴（アクティブ・リスニング）」参照）。自身のメッセージを伝えそこねることがないよう、また相手のシグナルを正確に読み取るために、非言語コミュニケーション（172-73頁参照）の理解も重要である。

コミュニケーションの形態

言語（対面、あるいは電話）、非言語（ボディランゲージや声の調子）、あるいは文書（書簡やEメール）のいずれにせよ、マネジャーはあらゆる形態のコミュニケーションをうまく使いこなす必要がある。どれも、意味を効果的に伝え良好な人間関係をはぐくむために一定のスキルが必要である。

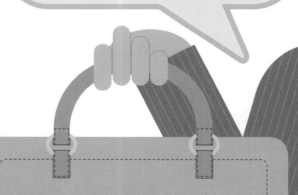

言語コミュニケーション

> 要点を明確にするために、**短い文で簡単な言葉を使う。**
> **ゆっくりと話す。**話した内容を聞き手が理解できるよう、間を入れる。
> 声を明瞭に響かせるため、**顔を上げ**、落ち着いて呼吸する。
> 聞き手の関心をつなぎとめるために、**声の調子や大きさに変化をつける。**
> 会話を生むきっかけとなるよう**質問をする。**

非言語コミュニケーション

> （文化的に適切であれば）**アイコンタクトを頻繁に取る。**相手に対する関心を表情で示す。
> 相手の**パーソナルスペースを尊重する。**
> 周囲の状況に**ふさわしい装い**をする。
> 自信を示すために**背筋を伸ばす。**
> 信頼関係を築くため、**感じのよい、温かみのある口調で話す。**

タスクを効果的に割り当てる

> 自分が従業員に期待することをよく考え、口頭か文書で明確に伝える。
> 従業員に直接指示を与えたら、指示を復唱させ、理解したか確かめる。
> タスクをどのように遂行するか従業員と話し合う。また適切な資源を手に入れているか確かめる。
> タスクの納期を設定し、進捗状況を観察するためミーティングを予定する。

避けるべき質問

自由回答式の質問は詳しく聴き出すことができるが、下手すれば、従業員に敬遠される原因にもなる。

> 相手を巧みに操るような質問は威圧的に感じられ、不信感につながる。「では今夜までに要約を私に送ってくれるのですね?」ではなく、「今夜までに要約を送ってもらえますか?」とする。
> たたみかけて質問すると混乱を招く。「それはいつできますか? 今日? 明日? 明後日?」のように、立て続けに質問を浴びせない。
> 非建設的な質問は反感を買う恐れがある。「私がうそをついているとでも言うのですか?」ではなく「私が今言ったことに関して何か気になりますか?」と問いかければ、相手の考えがわかる。

文書によるコミュニケーション

> メッセージを簡潔にする、簡潔な言葉を用い文章は短く。
> メッセージの始めの部分で主旨や指示を明確にする。
> 問題が発生していたり、批判をしたりする場合でも、愛想よく丁寧な言い回しを用いる。
> 返答や必要な行動を求める場合は、メッセージの最後にその旨をはっきりと記し、期日を示す。
> メッセージを送る前に推敲する。

「コミュニケーション術はリーダーシップの基礎である」

ジェイムズ・ヒュームズ、米国歴代大統領のスピーチライター

積極的傾聴（アクティブ・リスニング）

積極的傾聴（アクティブ・リスニング）は、相手が話す内容に心から関心を示すだけでなく、しぐさなど言語以外の手がかりを観察することも意味する。これは効果的なコミュニケーションに欠かせない、すべてのマネジャーに不可欠なスキルである。

傾聴する能力を身につける

マネジャーのパフォーマンスとリーダーとしての有能さは、相手の話を巧みに聴き出す能力と直接関連していることをさまざまな研究が示している。このスキルはマネジメントにおいて重要である。傾聴は、やる気があって忠実なチームを育てるのに役立ち、従業員は堂々と意見を交換し合うようになる。さらに積極的傾聴のスキルを身につければ、マネジャーはより正確に情報を思い出し、意味を取り違える可能性を減らすことができる。

ヒアリングと異なり、リスニングは、耳に入ってきた音に対する自動的な反応ではない。すぐれた傾聴者は、話し手が話す内容に完全に集中できる。これは学習を通して身につけ、時間をかけて磨き上げられる。また行動心理学では、受動的な傾聴と積極的な傾聴を区別する。受動的傾聴とは、反応を示すことなくじっと耳を傾けることだが、

積極的傾聴は聴き手に反応を示すことを求める。この場合、聴き手は話し手のボディランゲージと声の調子に注目して、話し手がどこに重点を置いているか留意し、話の途中で口をはさみたくなる衝動を抑える必要がある。

積極的傾聴のスキルを身につけることで、マネジャーは職場内のコミュニケーション経路を切り開くことができる。

チームのメンバーも、マネジャーが自分の話をきちんと聴いていると感じるなら、自分の考えや問題について次第に積極的に話すようになり、結果としてパフォーマンスも向上するだろう。

積極的に話を聴くには

意識を集中して話を聴くのは、聴いていると示すことで話し手を勇気づける。積極的傾聴者は、うなずき、アイコンタクト、笑顔などの非言語反応と、話題と関連した質問をしたり、細かい点を思い出させる、といった言語反応のいずれを用いてもよい。会話の最初から最後まで、積極的に話を聴く態度を示すことが重要である。

1. 集中する

携帯電話の電源を切り、ながら作業をしないようにすることで気を散らす要因を取り除く。心を傾け、気長に、話の腰を折らないようにする。

2. 共感を示す

話し手の言葉を受け止めたことを示すためにうなずく。適切であれば、アイコンタクトを取る。

3. ミラーリング

相手のしぐさをさりげなく模倣するために、ボディランゲージに注意を払う。

4. 言い換える

相手の言った内容を自分自身の言葉で繰り返すことで話を理解していることを確認する。

5. 返答する

話し手が話し終えるのを待ってから、話した内容に応答する。

傾聴する技術の
訓練を
受けたことのある
専門家は
2%
に満たない。

グレン・ヨピス〔『フォーブズ』誌他に数多く寄稿している経営コンサルタント〕、www.forbes.com、2013年

積極的傾聴を妨げるもの

> **外部的要因による注意散漫**
電話の呼出音、道路の交通騒音など

> **身体的要因による注意散漫**
のどの渇き、空腹感、頭痛、尿意・便意など

> **内的要因による注意散漫**
話し手が話し終える前にどう返答すべきか考えている場合など

非言語コミュニケーション

人が非言語的手がかりで伝えるメッセージは、その人が発する言葉よりも多くのことを明らかにする。こうした非言語シグナルの意味を理解することで、マネジャーは同僚や従業員、クライアントともっとうまくつき合えるようになる。

有効なコミュニケーション・ツール

人間の表情と身振りは周囲の人々とのやり取りに大きな影響をおよぼす。キネシクス（身体動作学）は、1950年代に人類学者のレイ・バードウィステルが提唱した理論で、彼の著書『キネシクス入門』（1952年）に概説されている。それによると、コミュニケーションの55%はボディランゲージで、38%は（口調などの）音声によるコミュニケーションで、言語によるコミュニケーションは7%にすぎない。

言葉以外の非言語的手がかりを効果的に使えば、職場の業績を向上させることができる。たとえば、部下にフィードバックを与える時、ゆったりとした態度で笑顔を浮かべながら快活な口調で話すマネジャーは、たとえ厄介な話題を切り出している時でも、よい印象を与える。とはいえ、否定的なボディランゲージを無意識に用いた場合は正反対の効果をもたらす。新しいクライアントとの会合で、堅苦しく姿勢を崩さなかったり、アイコンタクトを避けたりすれば、敵対的と解釈されるだろう。また中立的な意見でも、否定的なボディランゲージとともに伝えられれば、批判と受け止められる可能性がある。

外見をチェックする

身だしなみが第一印象を作り出す。服装や着こなしが、あなたが会う相手や面談の目的、周囲の状況にふさわしいよう気を配る。

動きを抑える

信頼感と説得力を示すよう、身振りは控えめにしておく。低くても聞き取りやすい声やゆったりとした物腰は冷静で落ち着いた印象を与える。

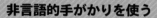

非言語的手がかりを使う

職場に限らずどこでも、身振りや声の調子、アイコンタクト、姿勢は言葉以上のメッセージをただちに伝えることができる。自分自身と他人のボディランゲージを意識し、それが意味する内容を理解すれば、同僚とのつき合いや交渉の場で大いに役立つだろう。

同じ身振りで異なる意味

グローバル企業に所属する従業員全員が、ボディランゲージを同じように解釈するとは限らない。身振りの中には文化によってまったく異なる意味を持つものもある。たとえば日本では、大げさに腕を振り回す身振りは無作法とされる。またイスラム諸国の中には親指を立てるポーズを無礼とみなす国もある。

コミュニケーションの
93%は
言葉を使わない。

レイ・バードウィステル、『キネシクス入門』、1952年

むやみに体に触れない

ビジネスの場で相手の身体に触れることが当然とされているのか、それともタブーとされているかは、文化により異なる。マネジャーは現地の習慣に配慮し尊重するよう注意すべきである。

アイコンタクトに注意する

目を合わせることで信頼感を強めるのがふつうだが、アジアの文化では、目上の人と話している時に目をじっと見つめるのは無礼とみなされることがある。

抑揚をつける

どんな話し方をするかが、話す内容よりも重要な場合もある。声の調子や大きさ、話す速さ、声の高さ、力強さ、発音、これらはどれも話の中で用いられる言葉の意味に影響をおよぼし、話し手がその場にいる人々についてどう感じているかを伝える。

電子コミュニケーション・ツール

テレコミュニケーションの進展に伴い、取引や事務処理が対面で行われることは少なくなり、さまざまな非対面コミュニケーション・ツールが利用されるようになった（176‐77頁参照）。ボディランゲージがない時には、誤解が生じないようにすることが肝心である。

電話
表情を見ることができない場合、そっけなくとげとげしい口調で応対すると、不満を抱いている、あるいは立腹している印象さえ与えかねない。電話越しの快活で愛想よい声は好意を伝える。

Eメール
「よろしくお願いします」などのフレーズは礼儀正しさと尊敬を示す。「前回のメール通りに」のように無礼な印象を与える尊大な言い回しは避けるべきである。

インスタントメッセージ
気の張らないやりとりでは、絵文字がメッセージの意図や内容を表すのに役立つかもしれない。だがメッセージの中に、笑顔の絵文字に矛盾する箇所がある場合は、皮肉と思われる可能性があるため、注意した方がいい。

フィードバックを与える

どの組織も、メンバーが自分の役割をうまく果たし、共通の
ゴールを目指して働いてくれることを期待している。このプ
ロセスの重要な部分が、業務遂行（パフォーマンス）に関す
るフィードバックである。

フィードバックをうまくいかす

　チームのリーダーからメンバーへのフィードバック
でも、従業員から経営者へのフィードバックでも、建
設的な内容で、十分に伝えられるならば、組織の効率
化に役立つことは広く認められている（164-65頁参
照）。フィードバックは、非公式の場で日常的に生じ
るが、正式に組まれた業績評価プロセスの重要な一部
でもある。組織から高く評価されていると従業員が感
じるためにフィードバックは欠かせない。また昇給な
ど報奨金をベースとした他の要素よりもやる気を引き
出し、成長実感を与える。

　マネジャーがフィードバックをどう与えるかが、従
業員が成長するか、それともやる気をなくすかに影響
をおよぼす。米国のセンター・フォー・クリエイティ
ブ・リーダーシップ（CCL）が行った研究から、きつ
い言い方で非建設的なフィードバックを与えられた場
合、受け取る側は自己弁護的になり効果がないが、建
設的な方法で伝えられたフィードバックは（内容がポ
ジティブかネガティブかにかかわらず）従業員の成長
に欠かせないことが示された。もちろん、マネジャー
は長所だけに着目すべきではない。フィードバックで
弱点を無視することは、受け取る側に誤った印象を与
え、チームワークの改善を妨げる。どんなにネガティ
ブなフィードバックも、マネジャーは建設的かつ客観
的に伝えるべきである。

フィードバックを伝えるための戦略

マネジャーは、具体的だが個人攻撃ではない、適切な
フィードバックを与えるべきである。そして明確に――
言い回しと感情シグナル（右上のコラム参照）の両方
で――伝えるようにする。質問は常に自由回答式で行い、
フィードバックの受け手が対話を通じて自身の考えを展
開させられるようにする。

双方向の対話のきっかけ
となるよう、受け手側の
感想をフィードバックで
きる機会を提供する。

すぐにフィードバックする。を
もないと、チームメンバーは、き
ちんと誤りを指摘されないまま
任務の続行を一任されたことに
不満を感じているかもしれない。

ポジティブかつ建設的に意見を伝える。ネガティブにフィードバックを発すると、受け手は脅威を感じる可能性がある。

説教するのではなく、深く考えさせるために質問をする。内省を促すことは、受け取り手がさまざまな考えを試したり、新たな手法を探すのに役立つだろう。

感情シグナル

マイアミ大学の経営学部教授マリー・ダズボローは、フィードバックを受けるグループを2つに分けて実験した。第一のグループには、ネガティブなフィードバックを笑顔やうなずきなどのポジティブな感情シグナルとともに与え、第二のグループには、ポジティブなフィードバックをひそめた眉や批判的な視線などのネガティブな感情シグナルとともに与えた。すると第一のグループの方が、自身のパフォーマンスを高く評価していることがわかった。この研究から、フィードバックの内容そのものより、伝え方の方が、強い動機づけ効果を持つ可能性があると結論づけられた。

フィードバックが個人攻撃にならないようにする。ネガティブなものであれポジティブなものであれ、役割でのパフォーマンスに関連して意見を述べるべきで、人格に対しての批評であってはならない。

フィードバックをほとんど、あるいは**まったく**得られなければ、従業員の

40%は

働く意欲を失う。

『フォーブズ』誌、2017年

一般論ではなく具体的に示す。フィードバックは、時と場所を示しながら、特定の行為に焦点を当てるべきである。

コミュニケーション・ツール

対面でのコミュニケーションが不可能な時には、相手や状況、メッセージの内容により、適切な代替手段を選択するのが重要である。

オンラインでの対面

　1964年、コミュニケーション論の大家マーシャル・マクルーハンは、メッセージが理解されるかどうかはどう伝えられるかによる、ということを意味する「メディアはメッセージである」という名言を生み出した。この考えは今なおコミュニケーション研究の土台となっている。

　電話やEメールなど従来の通信手段が依然としてコミュニケーションの柱であるが、しだいにマネジャーは、アプリを通じて遠隔通信を可能にする、クラウドベースの高度なソフトウェアやプラットフォームを活用するようになっている。ソーシャルメディア同様、これらのプラットフォームを使えば、従業員は、あたかも常時オープンしているバーチャル会議室にいるかのように働くことができ、グループチャットやテレビ会議を使い、文書を共有し、仕事を作り出せる。このような方法で従業員と会話することができるため、通勤や出張の必要性は減り、マネジャーはどこからでもチームの仕事の流れをチェックし、アドバイスできるようになった。

ツールの種類

コミュニケーション・ツールは主に2種類ある。一方向だけのものと双方向可能なものである。一方向だけのツールは事実上掲示板だが、多くの人が受け取ることができるため、スタッフに情報を伝えたり、訓練したりするのに都合がよい。しかし即座のフィードバックや研修の場合は双方向のツールの方が適している。

一方向

イントラネット
イントラネット（組織内のコンピュータ・ネットワーク）は多数のスタッフにメッセージを伝える便利な方法である。

ウェブキャスト
スタッフの教育に都合がよい。プレゼンテーションやイベントはインターネットを通じて生中継される。

ウェビナー
ウェブキャスト同様、ウェビナー〔ウェブ・セミナー〕は便利なティーチングツールである。限られた視聴者が参加できるタイプもある。

双方向

Eメール
多くの場合、郵便にとって代わっており、同僚にも顧客にも素早く連絡を取ることができる方法である。

ウェブ会議
ウェブ会議を使えば別々の場所にいるスタッフが会議に参加して資料を共有できる。

電話
電話をかけたり、携帯メールやSMSを使ったりすることで、複数の人間がすぐに連絡を取り合うことができる。

ソーシャル
コラボレーション
ツールを使うことで
企業は労働者の生産性を
25%
増やすことができる。

マッキンゼー・グローバル・インスティトゥート、2012年

どのような場合に、どのようなツールを用いるか？

どのような場合	どのようなツール
> **従業員**が問題を抱えている、あるいは部署内の メンバーについての情報が必要なのに、だれに 相談・報告すべきかわからない	**会社のイントラネット** 従業員のプロファイルつき
> **マネジャー**が、プロジェクト進行の日程や締め切 りを知りたい、あるいは、上からの承認を待っ ている間、プロジェクトが滞る	**ワークフロー・ツール** 進捗段階、通知、アラー トつき
> **Eメール**で送信された重大な情報を見逃さない、 Eメールが届いたか確認したい	**アラート**と通知ツール
> **顧客維持の低下**や、顧客からの厳しい評価、問 い合わせに対応できていない	**課題管理**システム

ポッドキャスト
プロジェクトや、会社の基本方 針の変更などに関する情報は デジタル・オーディオファイル としてインターネットにアップ ロードすることができる。

プレゼンテーション
ライブであれ録画であれ、 プレゼンテーションは大勢の 聴衆に重要な情報を伝達す るすぐれた方法である。

ヴォイスメール
緊急時、あるいはインターネ ットがダウンした場合、スタ ッフのヴォイスメール・サー ビスにメッセージを残すこと ができる。

動画共有サイト
YouTubeなどのサイトを利 用して、ほとんどあらゆるト ピックに関しての教材用ビデ オを視聴したりアップロード することができる。

共同プラットフォーム
SharePointなど、ウェブベー スのプラットフォームは、チー ムメンバー間でのチャットやフ ァイルの共有、プロジェクトの 共同作業を可能にする。

コミュニケーションアプリ
SlackやFlockなどのアプリ はビデオ会議からタスクトラ ッキングまでコラボレーショ ンサービスを提供する。

課題管理ソフトウェア
このソフトウェアはコミュニ ケーション履歴をたどって、 責任の所在を明確にし、問 題を適切に分析するのに役 立つ。

効果的な会議

効果的な会議（ミーティング）はコミュニケーションや協力、意思決定を円滑にする。いくつかの簡単な指針に従うことで、ミーティングを効果的に実施し、チームの業績を上げる。

効果を高める

どんな組織においても会議は重要で、マネジメントに不可欠な要素である。もっともシンプルな形式だと、日常的に開かれるチームの進捗報告のように、マネジャーが部下や同僚、上役と情報を共有する手段である。そうした会議は非公式のこともある。アジェンダを作成したり議事録を取らせたりする必要もない。マネジャーは、必要なだけ配布資料やスライドを使って情報を明確に伝え、全員に理解されたことを確かめるために質問を受けることが求められる。

それとは異なり、同意が必要な計画など、なんらかの決断が求められる会議は、あらかじめ日程や議事進行などをきちんと組み立てておく必要がある。会議を効果的にするために、アジェンダを定めておいてそれに従うべきである。マネジャーが会議を仕切ってもよいが、他の人も加わるとよい。議事録は取る必要がある。だれがどんな発言をしたか、議論された内容、決定事項をすべて記録する。会議の後でこれらは全出席者に配布され、合意された結論をフォローアップするために使われる。

会議の種類

会議を招集する際は、どんな会議にするかをマネジャーが決め、その目的を出席者にはっきりと伝える必要がある。適切な会場と時間枠を決めることも重要である——進捗報告や情報共有の会議は短めに、ブレインストーミングや問題解決の会議は長めに時間を取っておく。さらにマネジャーは、司会や権限の委譲、情報の共有といったことから、創造性の発揮の奨励まで、会議で自身が果たす役割について自覚しておくべきである。

定期的な進捗報告
これによりマネジャーは情報を共有したり、チームメンバーから情報を要求したりすることができる。短時間で形式ばらない会合である。

情報共有
効果をあげるには、マネジャーが必要なすべての情報を手に入れ、出席者からの質問に答えられるようにしなければならない。

意思決定
マネジャーが会議を取り仕切ってもよいが、合意に達するには、出席者全員が議論に参加するよう促すべきである。

有意義な会議にする

準備が不十分な会議は非生産的で、参加者の時間の無駄となる。会議の生産性を最大限にし、具体的な成果をあげ、参加者に有効な時間を過ごしてもらうためには、会議の種類に応じて、以下の要因を考慮すべきである。

 › 参加する必要があるかどうか決定できるよう、会議の**目標を決め**、すべての参加者が完全にそのことを理解するようにする。

 › 出席者が必要な情報をすべてもたらしてくれるよう、あるいは、前もって質問を準備できるよう、**早めにアジェンダを提供しておく。**

 › 会議の時間を、目的を果たすために**必要な時間に制限する。**45分しか必要でないのなら、60分の会議を計画しない。

 › **会議の後すぐに議事録を作る**（有能な書記を参加させる）。これに決議と、実行に要する期間を記載しておく。

 › すべての行動が会議の議事録に従って確実に遂行されていることを**出席者とともにフォローアップ**する。

75%の従業員は会議を進める方法に関して正式な訓練を受けたことがない。

TED.com、2017年

問題解決
問題によっては、マネジャーの手助けによる非公式のブレインストーミング・セッションが非常に有意義であるかもしれない。

イノベーション
問題解決のミーティングと似ている。マネジャーはあらゆる意見を受け入れ、出席者にそのメリットについて議論してもらう。

アイデアの共有
リラックスしている時は創造力が発揮されやすい。マネジャーは全員が自由に発言し、互いに意見をぶつけ合えるようにすべきである。

プレゼンテーション

説得力のあるプレゼンテーションで聴衆を魅了し、キーメッセージを伝える能力は、マネジャーの重要なスキルである。プレゼンテーションを準備してうまくやり遂げるには練習が必要だ。

聴衆の関心を引きつける

最高のプレゼンテーションは言葉よりも図表に頼る場合が多い。スティーブ・ジョブズによるアップルの新製品発表プレゼンテーションは常に聴衆の耳目を集めた。それは、スティーブ・ジョブズということに加えて、実際彼のプレゼンテーションのインパクトが大きかったからだ。ジョブズは、スライドに大きく統計データや数字と、それを形容する最小限のテクストを添えて示すだけというスタイルを取った。図表を中心にしたこのシンプルな手法——1枚のスライドに1つの数字／事実——は、今やアップルの経営幹部全員の標準的なプレゼン法となっている。そしてマネジャーが見習うべきよい手本である。

聴き手が自分とかかわりのあるプレゼンテーションに関心を持てるよう、事前に聴衆について入念に調査しておくことが重要である。そうすれば、関連のある話や数字、事実をつけ加え、聴き手のニーズに訴えかけることができる。プレゼンテーションを組み立てる時は、聴き取りや読み取りが困難な聴衆にも配慮すべきである。

言うべきことを練り、スライドを作成するためだけでなく、質問される可能性のある点を予想するためにも、入念な準備が欠かせない。

上手なプレゼンテーション

効果的なプレゼンテーションとは、聴き手の心に残るプレゼンテーションである。定期的に出席者とアイコンタクトを取る、笑顔を浮かべる、ゆったりと自然な身振りを交える、こういったことはすべて、話し手を有能に見せるのに役立つ。人前で情熱と信念をこめて話し、自信をもって質問に答えられるようになれば、どんなマネジャーでも聴き手の尊敬を得られる。

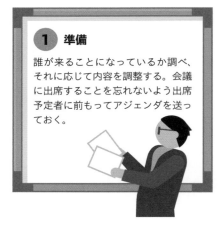

1 準備

誰が来ることになっているか調べ、それに応じて内容を調整する。会議に出席することを忘れないよう出席予定者に前もってアジェンダを送っておく。

2 スライドを工夫する

メッセージが伝わるようスライドのテンプレートや色に変化をつける。読みやすいフォントを使う。字の大きさは30ポイントを使うとよい。

5 聴衆を刺激する

反語で問いかける、研究や経験談を引き合いに出す、専門家の言葉を引用することで聴き手の集中力を持続させる。

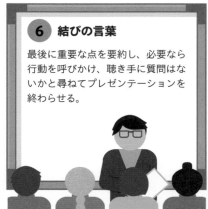

6 結びの言葉

最後に重要な点を要約し、必要なら行動を呼びかけ、聴き手に質問はないかと尋ねてプレゼンテーションを終わらせる。

7 質問に備える

（質問がない場合の用心に）自分で疑問点を十分考え、さまざまな質問を想定して広範に調べ、有益な情報や数字を用意しておく。

プレゼン用のフォント（英文の場合）

プレゼンテーションに理想的なフォントは、遠くからでも読みやすく、テーマに合ったイメージを伝える。ここに挙げたのは、英文プレゼンに適しているとされる6つのフォントである。

Franklin Gothic：力強く、理解しやすい。ウェイト（線の太さ）と文字幅が多様。

Garamond：気品があり、洗練されている。細かい活字に適している。

Segoe UI：さまざまなシンボルに使われ、見出しや細かい字に適している。

Tahoma：くっきりと明瞭な文字。科学・技術系の文書にふさわしい。

Impact：目を引き、重々しい。力強い見出しに最適。

Verdana：画面上での読みやすさを考えて開発された。字の細かい文書に都合よい。

事例研究

「ラトナー効果」

1991年4月23日、成功した宝飾事業家のジェラルド・ラトナーは、父親のささやかな店から彼一代で築き上げた、数百万ポンドの資産を有する一大帝国を事実上破滅させることになる講演をした。その日、実業家とジャーナリストからなる6,000人以上の聴衆を前にしたラトナーは、講演の準備をしていなかったのか、それともただ単に冗談のつもりだったのか、破滅の原因となる発言をした。どうして彼の店ではシェリー酒のデカンターをわずか4.95ポンドで販売することができるのかと問われた時、彼はこう答えたのだ。「まったくのがらくただからですよ」。その結果、数日で会社の株価は5億ポンド急落し、ラトナーは事業と、株に投資していた個人資産の両方を失うことになった。

3　最初にインパクトを与える

ユーモアのある話や、人の心を動かすような話、あるいはアッと驚くような事実で始めることで、知性だけでなく感情に訴えかけて聴き手と気持ちを通じ合わせる。

4　プレゼンテーションの目的を説明する

スライドごとに要点を1つにしぼって、それぞれの考えを個別に紹介する。そして統計データを使って各要点を詳しく述べる。

> 「自分の言っていることが**わかっている**人はパワーポイントを**必要とはしない**」

スティーブ・ジョブズ、アップルの共同設立者

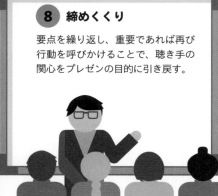

8　締めくくり

要点を繰り返し、重要であれば再び行動を呼びかけることで、聴き手の関心をプレゼンの目的に引き戻す。

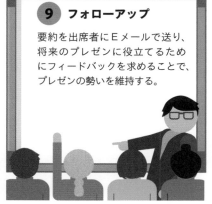

9　フォローアップ

要約を出席者にEメールで送り、将来のプレゼンに役立てるためにフィードバックを求めることで、プレゼンの勢いを維持する。

✓ おさえておこう

- **キーメッセージ**がプレゼンテーションの重要な部分である。明確かつ簡潔に伝えられる必要がある。

- **非言語コミュニケーション**（172-73頁参照）とは、メッセージを伝えるために、身振りやボディランゲージを使う習慣的行為である。発表の時は、聴き手を引きつけておくために、自然で自信に満ちた身振りで動き回るべきである。

コーポレート・コミュニケーション

コーポレート・コミュニケーションとは、組織のレピュテーションを高め、内外の人々に組織の価値観を伝える活動である。よい評判を得ることは会社の成功にとって重要である。

適切なメッセージを送る

　ほとんどの会社にコーポレート・コミュニケーションを担当する従業員やチーム、部署がある。その役割は、組織のイメージやレピュテーション〔評判、名声、信望〕の管理と、社内の従業員と社外のメディアやステークホルダー（株主、共同出資者、顧客、クライアントも含む）の両方に向けた組織の価値伝達である。

　コーポレート・コミュニケーションの概念が登場した初期は、会社の製品に焦点を合わせていたため、社外での広報イベントの企画やプレスリリースを専門としていた。近年になってその重点は、従業員エンゲージメントを高め、従業員のウェルビーイングを促進する方向へと変化してきた。このことから、情報を共有するためにイントラネットを立ち上げる組織や、パフォーマンスや将来の目標を話し合うために従業員と定期的な会合を開く組織が出てきた。しかし、コーポレート・コミュニケーションの重要な任務は依然として組織のレピュテーションを管理することである。この点に変化が生じた場合、収益や職場の生産性、従業員の離職率に影響を及ぼすからである。

社内〔内部〕コミュニケーション

従業員のウェルビーイング

> **社内情報の共有**と従業員の積極的な関与を維持するためにイントラネットを開発する
> **意見を出し合う**ために話し合いの場を提供する
> **会社の目標**をすべてのレベルの従業員に伝えるためにベテランのマネジャーを参加させる
> **オンラインで雇用方針を発表**し、組織がどれだけ従業員の福利厚生プログラムを実行に移しているか、ステークホルダーが調べられるようにする
> **情報を入手次第すぐに従業員と共有する**ことで変化に対応する、組織が変化にどう対応しているか定期的に調べる、関係者たちと節目の目標達成を祝う

社内コミュニケーションを効果的に用いている会社は

47%

高い収益を株主にもたらす

タワーズ・ワトソン、コンサルティング会社、2010年

レピュテーションを強化する

コーポレート・コミュニケーション・マネジャーの全般的な目標とは、だれもが働きたいと願うような雇用主として、また社会のために貢献する信頼できる組織として、会社のレピュテーションを築くことである。このようなイメージを作り出して維持する上で、社内と社外の両方に向けたコミュニケーションが欠かせない。

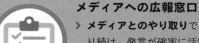

社外〔外部〕コミュニケーション

メディアへの広報窓口

> **メディアとのやり取り**では誠実かつ率直に。組織の価値観に忠実であり続け、発言が確実に活動で裏づけられるようにする

社会的責任

> **社会問題に関してはっきりとした立場**を取る――このことは従業員のやる気を向上させ、組織のイメージを高めるだろう

> **会社が社会問題にどう取り組んでいるかを示す**ために説得力のある明確なメッセージを発信する（ステークホルダーは見え透いたメッセージを受け入れはしないだろう）

> **メッセージを発するのにふさわしい時を選ぶ**：トラブル発生時にあまりに早く見解を表明すると、大急ぎで始末をつけたように思われるため、どんなメッセージも十分に考え抜いた上で発信する必要がある

持続可能性

> **持続可能性に関する目標**を公表し、その後は進捗状況を評価する

> **進捗状況**を従業員と、組織の社会的評価で影響を受けるステークホルダーに報告する

会社の慈善活動

> **組織の慈善活動を宣伝**するためにソーシャルメディアを活用する――たとえば、寄付金集めのイベントなど

> **慈善事業に携わる理由と効果**を親しみやすく興味をそそる方法で伝えるために、グラフや図表などを使って視覚的にデータを提示する

レピュテーション

> **組織が申し分のない雇用主である**ことを示す

> **エシカルな企業である**ために組織が努力していることを宣伝する

🔍 事例研究

マークス＆スペンサー

企業メッセージには一貫性が大切だ。2019年、英小売大手のマークス＆スペンサーが、子ども向けのキャンペーンで景品として使い捨てプラスチック玩具を提供したところ、メディアと消費者からの反発に遭った。そのキャンペーンは、プラスチック袋を削減し、2025年までにゴミをゼロにするという、同社が当時公表していた方針と一致しなかったからだ。

効果的にコミュニケーションを行う

コミュニケーション・マネジャーの主な目標は、

> **従業員を積極的に関与させる。**従業員が組織の変化にうまく対処できるよう手助けし、会社の掲げるゴールがどれだけ自分たちに重要な意味があるか理解させる。

> **社内外のコミュニケーションを慎重に計画する。**より興味を引くコンテンツを求め、うまく発信してくれる関係者を見つけ出す。

> **デジタルコミュニケーションを見直す。**もっとも効果的に伝える手段がどれか確定するため、アプリやSNSなど、新しいテクノロジーをいろいろと試す。

クライシス・コミュニケーション

ビジネスの世界でクライシスとは、組織をそこなう、あるいは、取引先や顧客をおびやかすような危機的状況のことである。そうした状況において、マネジャーには計画的な行動が必要である。

危機に備える

組織が直面する危機には、会社の資産が価値を失う、負債を支払えないなど、組織内部の危機もあれば、顧客に有害な製品の発覚といった、組織の外部に影響をおよぼす（対外的な）危機もある。状況そのものだけでなく、組織のイメージにおよぼす影響からも危機は生じる。

たとえ組織内部の危機であっても、その問題がソーシャルメディアやニュース番組を通じて広まれば、すぐさま対外的な危機に発展する可能性がある。このため、マネジャーは起こりうる危機的状況を見越して、それに対処するための計画を立てる必要がある。組織内部はもちろん、外部の関係者との間

でも、迅速で明確なコミュニケーションが、元の状態への回復と失敗との分かれ目になる。

最初の対応は、何が起きたかを認識し、影響を受けた人々に対する思いやりを示しながら、即座に行動することだ。発覚から24時間から48時間以内に発表を行い、主要な事実を述べる。マネジャーには情報を集める時間が必要だが、対応が遅れるほど、人々の不安は増すばかりである。法的支援が必要となる場合は、慎重に解決すべきである。組織を守るだけでなく、影響を受けた人々のためになる行動でなくてはならない。

6. 危機管理チーム（シニアマネジャーと広報官、法務とPRの専門家で構成）が準備した訓練と予行演習を実際に行ってみることで、**行動計画を検証**する。

5. 行動計画はコミュニケーションの部門だけでなく、**組織のあらゆる部門に適用される**ようにする。

1. 組織やブランドにとって**リスクになりうる事態を特定する**。そしてそれらが起こる可能性はどのくらいあるかを見積もる。

2. マネジャーや従業員、顧客、投資家、報道機関、一般市民など、危機の時に知らせる必要のある**ステークホルダーのリストを作成**する。

3. **起こりうるデータ漏洩の危機を未然に防ぐ**。漏洩が起きた場合に起動できるプラットフォームや緊急時のウェブサイトを作っておく。

4. 会社を代表あるいは代弁する広報官を任命することで、**コミュニケーションのガイドラインを設定**する。どんな情報を伝えるべきか、またいつどこで行うかを定める。

危機の前：危機管理計画を準備する

7. あらゆるメディアをモニターし、組織の仕事がどう報じられているか、変化や食い違いを探す。

「結局は公になるのであれば、**すぐに明らか
にした方がよかった**」

ヘンリー・キッシンジャー、元米国国務長官、1982年

8. 危機が発生次第、広報官が即座に対応できるよう、**緊急事態コミュニケーションを発動**する。

60%
**の役員が、
組織が危機から
回復するのに
1年以上かかった
と言う**

「信頼の危機」、デロイト、2016年

9. 広報官は発生後**24時間から48時間以内**に主要な事実をステークホルダーや従業員、メディアに確実に伝えるようにする。さらに詳しい発表の日程を示し、これに定期的な最新情報を付け加える。

10. 問い合わせに対処して、ウェブサイトやソーシャルメディア、カスタマーサービスに寄せられた質問を処理するために、**オンラインと対面でのコミュニケーションセンターを設置する。**

11. 必要なら、法律顧問や広告代理店、対象分野の**専門家に助言を求める。**

12. 危機がおさまったら**一連の対応を検討する。**行動計画がどれだけ有効であったか、将来改善するために何ができるか明らかにする。

重大な危機：危機管理計画を発動させる　　　　　**危機の後**

説得と影響力

人をポジティブに説得する技術を身につけていることはマネジメントにおいて大きな利点であり、交渉成功へのカギである。マネジャーが説得に長けていれば、それだけ職場での影響力も大きくなる。

ポジティブに説得する

説得は、変化を導き出す際に強制よりも効果をもたらす。強制して無理に決めさせたとしても、尊敬は得られないし、意欲も沸かない。しかし説得するのは時間がかかるため、あらかじめ誰を、どのように説得できるかを評価する必要がある。マネジャーは取り組むべき問題を明確にする必要があるが、討論に従業員を関与させることで、自分たちが公正に扱われていて、自分たちの意見に耳を傾けてくれていると従業員も感じるようになるだろう。意見に反対する人々を説得することが主な目的であるにしても、現在いる支持者を無視すべきではない。評価してもらえなければ支持はすぐに消えてなくなる。短期の変化を求めるのが最初は最善かもしれない。「取っ掛かり」を得る、すなわち今すぐ小さな約束を取りつけることで、長期にわたり大きな変化をもたらすプロセスを開始することができる。そして、つねに全員を一度に説得する必要はない。最初は数人の支持を得るだけでも、同僚の態度に影響されて波及効果を引き起こし、やがて広く受け入れられていくだろう。

相乗効果（シナジー）を作り出す

熟練した説得者は、どんなに短いやり取りでも、相手にもっと状態をよくしたいという気持ちを抱かせる。しかも、向かい合わせや少人数での会合の場だけでなく、組織のもっと広い階層に向けて話す際でも、同じように影響をおよぼす。誠意ある言葉と共感が不可欠である——信頼できる、説得力があると思われていることでマネジャーの影響力は増すだろう。「私」ではなく「私たち」を使い、共通の利益に訴えかけることで、他の人も自分の視点に共感するようになる。また自分で物事を決める自由があると思い出させることで聴き手に敬意を示す。反対に、脅しの戦略を用いれば、何の役にも立たない恐怖で委縮した雰囲気を作り出す。絶えず小言を言う（マイクロマネジメントの一般的な兆候）のは従業員のやる気をそぐ原因となる。

人を納得させる

> 議論するために**適切な時間と場所**を選ぶ。自信を持てるようプレゼンの練習をする。

> **簡潔で筋の通った意見**を述べる。ネガティブな要素は取り除き、ポジティブな要素を強調する。

説得術

古代ギリシャの哲学者アリストテレスが説いた4種類の説得術をマネジャーが利用すれば、自分の提案を相手にうまく受け入れてもらえるようになるだろう。

> **エートス（性格）**：経験を重ね、関連する専門技術を身につけてきたので、主張する資格があると確信する。

> **パトス（感情）**：聴き手の感情に訴えるために、情熱、想像力、ビジョンを活用する。

> **ロゴス（言葉）**：提案する行動方針を詳細に述べた上で、メッセージをはっきりと論理的に示す。

> **カイロス（潮時）**：メッセージを伝えるのに最適な時を選び、聴き手に合わせて調整する。

「仕事を行う上で**もっとも重要な能力**は他の人と**うまくやる**ことと彼らの行動に**影響をおよぼす**ことである」

ジョン・ハンコック、米国の政治家、1776年頃

> 聴き手にとって得になることや個人的な**恩恵を説明する**。

> 聴き手が初めのうち疑っているようだったら、自分から反対意見に軽く触れ、その誤りを指摘することで反論を無効にすることができる。

影響力を行使する

> チームメンバー、サービスの利用者、顧客、ステークホルダーのいずれとも**関係をはぐくむ**。

> 感じよく振る舞い、人をいらつかせるような**態度や習癖を改める**。

> **約束や義務を遵守**し、常に変わらない態度で接することで信頼関係を築いて揺るがないようにする。

> **共感の念を表明**し、他の人の考え方を理解していることをはっきりと示す。

交渉

交渉は地雷原のように目に見えない危険をはらんでいる。交渉のスキルを身につけているマネジャーは高く評価される。成功するには、どのような交渉であろうと、準備と、一点の曇りのない明確なコミュニケーションが必要である。

現実に即した目標

マネジャーの任務は交渉をともなうことが多い。交渉は組織間や、一つの組織内の違う部署との間、またチーム間でも起こりうる。すべての交渉が成功するわけではないが、念入りに準備を進めることで良好な結果を得られる可能性が増す。

最初に、交渉者は現実的な目標——個人的な目的ではなく組織の目的と一致したもの——を設定し、最低限許容できる結果を決める必要がある。次に、交渉相手を調査し、相手側が望むであろう利害関心を評価する。そうしておけば、相手が自分たちの立場を前面に打ち出して来ても、交渉者は効果的に質問と返答をする体制が整っている。相手の真の動機を見つけるためにさらに深く相手の関心事を探ったり、もっと相手が受け入れやすいと思うような代わりの主張で応じたりすることが可能になるだろう。

交渉はEメールや電話、対面（オンラインか直接）でも行われる。全般的な交渉スタイルについては、アサーティブ、受け身、攻撃的のいずれを選択するにせよ、慎重に考慮すべきである（右のコラム参照）。いかなる段階でも交渉者は、譲歩したり、丁寧に要求したり、脅したりすることができる。交渉が行き詰まった場合は、さらなる話し合いの場を提案することもできる。

3段階の戦略

交渉のプロセスは決闘に少し似ている。敵の力を評価して作戦を練りながら、十分に準備しておくのが一番である。油断につけこまれたくはないはずだ。対戦する時は、位置につく前に友好的態度で油断させる。最後に、敵の反応次第で契約をまとめるか、次の段階について合意する。

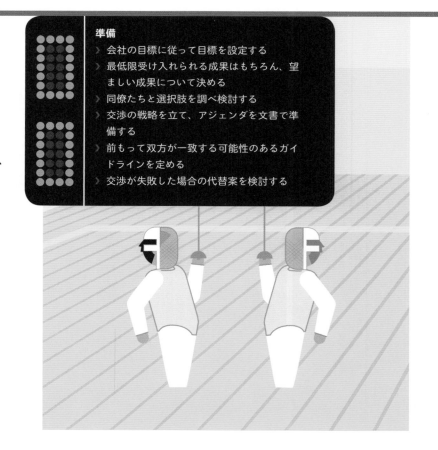

準備
> 会社の目標に従って目標を設定する
> 最低限受け入れられる成果はもちろん、望ましい成果について決める
> 同僚たちと選択肢を調べ検討する
> 交渉の戦略を立て、アジェンダを文書で準備する
> 前もって双方が一致する可能性のあるガイドラインを定める
> 交渉が失敗した場合の代替案を検討する

交渉スタイル

交渉を成功に導くためには、話し方とボディランゲージ（172-73頁参照）の両方で適切なマナーを身につけることが重要である。積極的に自己主張するようにし、まったくの受け身や攻撃的な姿勢など、極端な態度を避ける。

受け身
› おとなしい
› はっきりしない
› 感情的で弁護的
› あいまいな言葉を使う

アサーティブ
› 自信に満ちている
› 落ち着いている
› 感情に訴えるより事実に基づく
› 「私」を主語にして発言する

攻撃的
› 対立姿勢
› 敵対的
› 相手方を非難する
› 「あなた（方）」を主語にして発言する

✓ おさえておこう

› **BPA**〔the Best Possible Agreement〕は合意可能な最善策で、交渉者と相手側の利害が一致する条件。
› **ZOPA**〔ゾーパ、the Zone of Possible Agreement〕は双方が合意可能な選択肢の幅。
› **BATNA**〔バトナ、the Best Alternative to a Negotiated Agreement〕は交渉で合意することに次ぐ最善の代替案——つまり、プランBである。
› **ボトムライン**とは、どちらの交渉者もそれより下げられない最低値。双方が容認できるぎりぎりの線。

交戦
› 自己紹介して関係を築く
› 相手側の利害関心（要求と動機）に探りを入れるために質問を投げかける
› 自分たちの提案をし、相手の回答に耳をかたむける。ただし最初の提案が受け入れられることはほとんどない。どの提案も妥当でフェアとみなされるべきである
› 妥協案を考慮する。譲歩を求める。譲歩する
› 選択肢、すなわち条件、付帯条件、交換条件を提示することで価値を生み出す

締結
› 相手側が発する身体的シグナルを観察する。疲れた様子はないか？　主張が勢いを失っていないか？
› 合意事項と譲歩事項を要約する
› 書面で合意を取りつける
› 合意を得た約束を追跡調査する
› 合意に達することができなければ、調停か、二度目の話し合いを提案する
› 退場の準備をする

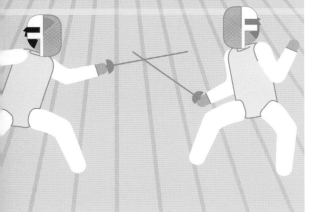

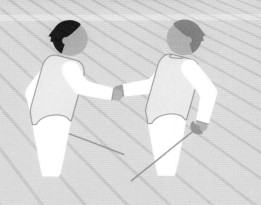

紛争の解決

職場での紛争〔もめごと〕は、双方が自分の立場にこだわっている場合は解決するのが大変難しい。組織の分裂を最小限にする、公正で妥当な解決策をマネジャーは見つけざるをえない。

もめごとの処理

　職場やクライアントとの間で生じたもめごとを解決しなければならない時、マネジャーは公平な態度を保ちながら、すばやく行動し、共感して耳を傾け、現実的な解決を目指して一歩一歩努力しなければならない。そのためには、特定の状況で採用すべき最善の手法を知っておくと役立つ。1974年、米国の心理学者ケネス・トーマスとラルフ・キルマンはその研究成果をまとめ、『トーマス＝キルマン・コンフリクト・モード検査』を出版した。ベストセラーとなったこの本では、自己主張と協調性のバランスが異なる5つのモードを利用して、対立（コンフリクト）を解決する方法が紹介されている。

　どんなもめごとでも、解決や仲裁の際には、一方か、両方の当事者との対話が欠かせない。どんなに面倒であってもそうした対話にきちんと備えておくこと、つまり、関連する情報をすべて集め、双方の法的な権利も承知しておくことがきわめて重要である。しか

るべき方法で、急がず、共感を示しながら対話を続けることで、興奮した状況をおさめ、仕事を進めるために必要な関係をいくらかでも改善できる。

　問題が発生したら、できるだけすぐに対話を始める。だがすべての関係者が冷静になっている場合に限る。職場

内の衝突なら、深刻化する前に、苦情を訴え処理するための定期的なミーティングを設けるのが最善の策である（152-53頁参照）。どんなもめごとでも、後で解決策が文書に記録され、関係者全員に伝えられるべきである。

意見の相違を解決するための5つの戦略

ケネス・トーマスとラルフ・キルマンは争いを鎮めて決着をつけるための5つの対応方法を提唱する。トーマス＝キルマン・コンフリクト・モード検査は、縦軸で自己主張の度合い、横軸で協調性の度合いを評価するマトリクスを用いる。マネジャーはもっとも適切なやり方を決定しなければならない。

独断的

自己主張の強さ

控えめ

非協力的

対抗・競合
> それぞれの関係者が自身の利害関係を追求し、相手への影響を考慮しない
> この方法は独断的で非協力的なので、各関係者は、勝つのに必要だと思うものは何でも行使する
> 倫理的または法的に正しいと思われる立場を守るのであれば適切

回避
> どちらの関係者も対立を避ける。自分たちの懸念も、相手方の懸念も追及しない
> このやり方は独断的でもなく非協力的でもない
> そつなく問題を避ける、あるいはもっと適切な時期まで延期する、険悪な状況から手を引く方が安全だと思って回避に努めるのであれば適切

職務上の対立と機能不全に陥る対立

職場での意見の対立のすべてが悪いわけではない。ある程度あつれきが生じるのは健全だが、対立の種類による。**職務上の対立**はプラスに働き、問題についての建設的な批判と健全な議論につながる。たとえば、投資すべき金額や組織の方向に関する意見の違いなどは問題ない。**機能不全に陥る対立**、たとえば名誉を毀損する発言や、力を得るために情報を伝えないなどは有害である。チームのメンバーの間に強い不安が生じてストレスを増す結果となり、従業員の満足度も低下する。

54%の**従業員**が、**マネジャー**はもっと**うまく紛争を処理**できたはずだと考えている

「職場の対立と、企業が成長するためにどう利用するか」、CPPグローバル・ヒューマンキャピタル・レポート、2008年

協働

> 双方が満足するような方法で対立を解決するために関係者が力を合わせる
> 互いに主張をしながら協調する——「回避」の正反対
> 創造的な解決策を見つけるため、意見が一致しない点を十分に調査し、お互いに相手の見識から学ぶことを望んでいるなら適切

妥協

> 双方の関係者が意見の違いを埋める——両者が満足のいく結果を得る——ために妥協点を見出すよう努力する
> 適度に自己主張し、適度に協力的
> 目標が双方の関係者を満足させる解決策である時は適当である。「回避」よりは問題に取り組むが、「協働」ほど徹底していない

宥和

> 一方の側が相手側を満足させるために自身の利益を犠牲にする
> 控えめできわめて協調的——「対抗・競合」の正反対
> 相手側が助けを必要としているか正しい場合、あるいは、一方が善意を示したがっているか、将来のために良好な関係を維持することを望んでいるのであれば適切

協力的

協調性の度合い

第 **5** 章

セルフマネジメント

タイムマネジメント

時間は、成功をおさめるために賢く活用すべき、限りある貴重な資源である。
マネジャーは、自身とチームメンバーの時間が有効に使われるように、さまざまな手段を活用することができる。

時間を賢く使う

効果的に時間を管理するための秘訣は、時間をどのように使っているかマネジャーが理解することである。手始めに数日間か数週間、業務記録をつけてみれば、いつもと異なる点に気づく。次の段階は、記録された行動が組織の優先事項と比較してどうか、評価することである。もし、似たような組織と

の提携の可能性を突き止めることが主要目的なのに、有望な提携相手との結びつきを深めることに、時間の10%しか費やしていないのであれば、その理由を調査すべきだ。

次にすべきことは、重要なタスクと、それぞれのタスクを終えるのに理論上必要とされる時間に注意しながら、計画を立てることである。優先順位を客

観的に判断し、時間の見積もりを楽観し過ぎないことが重要だ。計画が達せられなければ、従業員の意欲をそぐことにもなりかねないからだ。タスクを重要度と緊急性に応じて分類するのも役立つ。たとえば、地方のホテルで電話やITサービスを復旧させる任務は、緊急度と重要性のどちらも高いが、月別の評価ミーティングのために客のア

パレートの法則

イタリアの経済学者ヴィルフレード・パレートの名にちなむパレートの法則によれば、多くの活動でも、生産高のおよそ80%は投入したものの20%から生み出される。マネジメントの観点からみれば、このことは、あるプロジェクトに費やされた労力の80%の生産性の向上が必要となる。

労力

80%

非効率性を減らす

> もっとも効率の悪い活動の80%を特定する。どの活動を廃止することができるか評価する。

> 残りの活動の効率を上げることが可能かどうか問う。

> 仕事をアウトソーシングするなど、代わりの方法を探る。

20%

成果

✓ おさえておこう

> **パーキンソンの法則**
1955年に『エコノミスト』誌に発表された法則で、「仕事は時間に関して弾力性がある」、つまり仕事は与えられた時間を満たすまで膨張する（詰め込まれる）。

ンケート調査を分析する任務は、重要ではあっても緊急度は低い。このように計画を立てることは、どの活動を最初に終わらせるべきか決定するのに役立つ。

　最後に、マネジャーは上手なタイムマネジメントにつながる環境を作り出すことができる。たとえば、生産性がピークとなる時間に合わせて一日の予定を組み立てる手法を取り入れることや、複雑なプロジェクトをより小さな作業に細分化することを従業員に奨励してもよいだろう。

「多くの成功者は**他の人が無駄に過ごしている**間に**先に進む**」

ヘンリー・フォード、フォード自動車会社の創業者

有効性と効率性

しばしば混同される２つの概念が有効性〔効果〕と効率性である。効果的であるとは、正しい目標──望ましい結果を出すこと──を達成するための努力についてである。マネジャーにとっては、自分のチームを適切に集中させるようにすることを意味する。反対に、効率がよいとは、たとえば、無駄を最小限にし可能な限り低いコストで製品を製造するなど、目標達成のために資源を最大限に活用することを意味する。したがって、効率とは、ひとたびその有効性が立証されれば、マネジャーがチームに促す継続的な改善状態である。

労力

20%

効率を最大限にする

❯ もっとも効率のよい活動の20％を特定する。好結果をもたらした要因を見極める。
❯ 確認された行動の中から生産性の低い活動に適用できるものがあるかどうか探る。
❯ もっとも生産性の高い少数の活動に優先順位をつける。

80%

成果

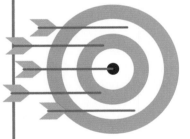

効果的であるとは、正しい標的を特定して当てることを意味する。

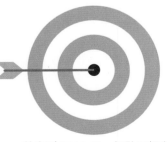

効率がよいとは、無駄に努力することなく標的に当てることを意味する。

パーソナル・インパクト（個人の印象）

自分が他人にどのような印象を与えているか理解し、改善することができれば、人間関係を円滑にし、輝かしいキャリアを築く上で役立つ。

自分自身を知る

人の印象は、他人におよぼす影響と、人柄や意見が他人にどう受け入れられているかということと関係がある。これまでの研究で、私たちは人と会ってわずか数秒で相手についてのイメージを形成することがわかっている。だが私たちはしばしば誤った解釈に陥る。相手のボディランゲージから服装に至るまで、あらゆることに基づいた無意識の先入観（バイアス）が、私たちの判断に影響をおよぼす。

こうした先入観を克服する方法が、自分の内面をよく知ることである。そのためには、他人に対する自分の反応はもちろん、自分に対する他人の反応にも注意する必要がある。他人の反応は特に重要だ。他人もまた先入観を抱いているからだ。たとえば、面接される側が、マネジャーは一般に傲慢で横柄だと思い込んでいたら、面接官の態度にかかわりなく、面接への臨み方に影響をおよぼすだろう。

また、個人の印象が職場での成功に影響をおよぼすこともある。マネジャーがあまりに威圧的であれば、従業員は意見を述べるのを敬遠し、新しいアイデアが見落とされるかもしれない。力量不足と見なされれば、周りから軽んじられ、意見は無視されるだろう。

ジョハリの窓

自己認識を高める一つの方法として、「ジョハリの窓」という手法が用いられている。これは米国の心理学者ジョゼフ・ラフトとハリントン・インガムによって開発された手法で、自分がどんな人間なのか、より明確に認識できるようになる。したがって、マネジャーと従業員の双方に非常に役立つツールである（下記参照）。

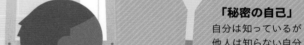

「開放された自己」

自分と他人の両方が知る自分自身の姿——たとえば、社交的、愛想がよい、他の人といるのを好むことなど

「秘密の自己」

自分は知っているが他人は知らない自分の姿——たとえば、フィットネスに夢中になっていることなど

自身を開放することを学ぶ

「ジョハリの窓」は自分の姿を4つの区画に分類する。すなわち、自分と他人の両方に知られている側面、自分は知っているが他人には知られていない側面、他人は知っているが自分は知らない側面、他人と自分の両方とも知らない側面の4つである。自己認識を深めるには、どのように自分を見ているかを他人の見方と比べるのが重要だ。目標は、フィードバックを求め、自身についてもっと明らかにすることによって、窓の第一の区画——左上の「開放された自己」——を広げることである。

1

決意する

人間関係をよくするために、公開された自己の領域を拡大することを決意する。

「盲目の自己」

他人は知っているが自分は知らない自分の姿——たとえば、物腰に落ち着きがあることなど

「未知の自己」

自分も他人も知らない自分自身の姿——立ち直りが早い、あるいは非常に勇敢な面があるかもしれない

感情を制御する

米国の作家ダニエル・ゴールマンは、米国の心理学者ピーター・サロヴェイとジョン・メイヤーが提唱した概念をもとに『EQ——こころの知能指数』(1995年)を執筆した。認知知能であるIQと異なり、心の知能指数、すなわちEQは、自分の情動と他人の情動、そして感情を伝える方法について理解する能力である。EQには5つの因子がある。

> **自己認識**：気分や情動を認識する能力
> **自己統制**：挫折から回復する能力と、破滅的な気分にうまく対処する能力
> **モチベーション**：外からの報酬なしに、個人的な理由のために目標を達成する能力
> **共感**：他人の情動を理解する能力
> **ソーシャルスキル**：ネットワークを形成し、信頼関係を築く能力

「人を知る者は**智**なり、己を知る者は**明**なり」

老子、中国の思想家、紀元前6世紀

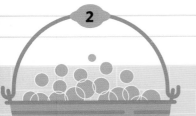

2 学ぶ

意見を求めることで、他人は知っているが自分は知らないでいたことを発見する。

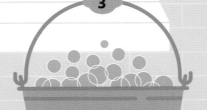

3 知らせる

自分についてもっと多くのことを明らかにすることで、他人にもっとよく自分のことを理解してもらう。

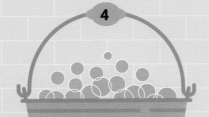

4 気づく

自分について、自分も他人もまだ発見していないことがあることを理解する。

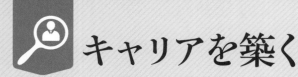

キャリアを築く

マネジメントで成功をおさめるには時間と努力を要する。自分自身を理解し、個人的な目標を定めて評価し、成長の機会に気づく必要がある。

目標を定める

効果的なマネジメントには、他の人々を指導して、決断をくだし、責任を負うことが必然的に含まれる。これは重圧にさらされながら働くことを意味する。管理職でのキャリアを考えている人にとって、それを実現するための第一段階は、必要なスキルと人間的魅力を備えているかどうか自分自身に問うことである。すでに管理職となっていて上を目指す人々も、自身の強みを評価し、その上で、自身のスキルやアイデアが今でも通用するか、そして、今よりも高度な技能を要する役割についた時うまくやっていけるかどうかを判断するべきだ。管理職がキャリアアップするには、目標を定めることが重要だ。今まで歩んできた道は、数々のチャンスを与えてはくれようが、組織のトップを目指すことはチームリーダーになるのとは異なる行程になるだろう。

> 「マネジメントとは成功のはしごを**効率的に登れるようにすることだ**」
>
> スティーヴン・コヴィー、『7つの習慣』、1989年

4

積極的にチャンスを探し求める

たとえば、自発的にプレゼンテーションをすることで、新しい技能を練習する。組織の中で目立つ存在になる。キャリア開発に協力してくれそうな人に話しかける。

キャリアの計画と管理

出世の構造が明確な職もあるが、大部分の人のキャリアは緩やかに上か横の方向へ、時には下へ向かって進んでいく。たどるべき決まった道はない。ルートは個人や職種、その時の募集状況により異なるだろう。しかし、どんな方向を選ぼうとも、管理職でのキャリアを伸ばすのに役立つ一定の方策を講じることはできる。

1

これからの人生を計画する

将来の展望を描く：この先10年で、自分が理想とする職務を得るのに何が必要か？　理想の仕事に就くための必要条件は何か、訓練を受けることか、異なる職種で経験を積むことか？
目的を設定する——何を、いつまでに、達成する必要があるのか？
各段階での成功がどのようなものかイメージを描く。

リードを保つ

キャリアの絶頂にあっても
学習し続けることが重要で
ある。部下を指導すること
で新しい知識に遅れないで
ついていける。

ビジョンは今でも
魅力的か確認する

個人的状況が変わると新たな道が
開ける。経験を積むにつれ目的は
変わっていく。将来の展望をそれに
合わせて変化させるか、それとも新
たな針路を取る必要があるか問う。

進捗状況を見直す

目的は達成されているか？　そうで
ないならどうしてか？　成功と失敗
から何を学べるか？　目的はなおも
適切か、それとも何かが変わってし
まったか？

挫折に対処する

価値観と目的を再評価する。それら
はまだ一致しているか？　現実的か？
野心を達成する他の方法はないか──
わき道にそれてみるとか？　だれにでも
挫折はあると理解する。意欲を取り戻
し、新たな機会を探す。

ポータブルスキルの基盤を
構築する

成功は知識と技能だけで築かれるもの
ではない。効果的なコミュニケーショ
ンと他の人と一緒に働く能力は、どの
ような任務においても欠かせない能力
である。理想の仕事には何が必要か予
想し、その能力をつねに発揮できるよ
う努力する。

効果的なネットワーキング

ネットワーキング〔人脈づくり〕とは、職場内と職場外の両方で、さまざまな人と関係を築いて維持することを意味する。マネジャーはネットワークを活用することでビジネスとキャリアの両方を大きく向上させることができる。

人間関係を築く

どのマネジャーも独自に培ってきた個人的なスキルと知識と経験を組み合わせて仕事に生かす。さまざまな人との関係を築くことによって自身の強みを共有し、他人の長所から学び、より多くの専門的知識の蓄えから恩恵を得ることができる。さらにネットワーキングは影響力のある人々に近づく機会をもたらすので、キャリアチャンスを生み出す可能性がある。

ネットワークの形成は、有力な知人としてどの人物に近づくかを決めること、その人物とコンタクトを取る機会を見つけること、その関係を維持することの3段階からなる。役に立つ仲介者には、意思決定者、面白いアイデアを持つ人々、別の重要な人物に紹介してくれる人々が含まれる。うまく人脈を築くには他の人に対して思いやりがあり、責任ある、協力的な態度が重要である。

仕事をベースとしたネットワーキングのためのソーシャルメディア・ツール（LinkedInなど）は新たな関係を作り出すにはすぐれた方法ではあるが、直接会うことも重要だ。非公式の会合や、業界イベント、職能団体主催の集まりも、ネットワーキングの役に立つ格好の機会だろう。

六次の隔たり

1960年代に米国の心理学者スタンリー・ミルグラムが行った研究は、知り合いを6人結びつけていくだけで、ほとんどの人が世界中のだれとでもつながりうることを示した。したがって、ネットワークの範囲を少し広げることで、業界や地域、バックグラウンドもさまざまな、非常に多くの有力な人物とつき合う可能性が得られる。マネジャーが信用を築き、新たなキャリアチャンスを開拓するのにも役立つだろう。

1. ロリ

大学講師の**ロリ**はさまざまな分野や職業の人々と幅広く交流している。彼女はメキシコの小さな保護慈善団体の評議員を務めている。

5. マット

電動工具ブランドのメディアマネジャーの**マット**は、余暇に**イングリッド**も参加する6週間の研修を受講する。

ソーマ

以前

小さな広告代理店で人事マネジャーとして働くソーマは、もっとグローバルな会社への転職を望んでいる。そこで人脈を広げることにし、大学時代の友人ロリと連絡を取り合う。

その後

2人で会っている時、フアンのツイートを見たロリから、ニコの会社がマネジメント職を募集している話を聞く。ソーマはその職にうまく応募することができた。

2. フアン

海洋生物学者の**フアン**は、自然保護活動と、多くの自然科学研究機関のための専門的なコンサルタント業務を兼務している。

150人
私たちが**有意義な人間関係を**
維持できる**人数**

ロビン・ダンバー、『ことばの起源』、1996年

ネットワークを利用する

ネットワークは日常生活を営む中で常に維持される人間関係の集合である。マネジャーの人間関係は量よりも質の方が重要だ——関係を維持する相手が多すぎると、有意義に交流することが難しくなる。人とのつき合いは取引を行う関係か、共同で作業する関係のいずれかであることが多い。取引関係の方がすぐに短期の利益をもたらすが、協力関係は通常長期にわたり多くの利益を生み出す。

取引関係
双方が取引を個人的な利益を得る機会とみなす。
> 取引関係においては、取引の**成果**がもっとも重要な関心事である。
> **争いがあれば**、双方は自分の側に最適な結果を得ることに最大の関心を持つ。

協力関係
関係者間のコミュニケーションはより深く、焦点は協力と相互支援にある。
> **各人が**、交流の成果についての相手側の心情に**配慮する**。
> 全員が満足するように**争いを解決する**方が、争いに勝つよりも重要である。

4. イングリッド
年金基金のマネジャーの**イングリッド**は**アーミル**のプロジェクトの一つに献金するコミュニティ組織を手伝っている。

6. ニコ
マットのいとこの**ニコ**は多国籍PR会社のデザイナーである。自分のソーシャルネットワークで、マネジメントのポストに空きがあることを知らせる会社の投稿をシェアする。それを**マット**が見て、ソーシャルメディアと口伝えで他の4人にも伝えられていく。

3. アーミル
フアンの元同僚の**アーミル**は現在、開発途上国でのプロジェクトに資金を供給する国際NGOの寄付行為を管理している。

ワークライフバランス

マネジャーであることはかなりの負担を要するが、プライベートの時間を確保することも大切だ。メンタルヘルスと人間関係の両方を良好に保つためにも、仕事と私生活のバランスをうまく取ることがきわめて重要である。

なぜ重要か

あまりに長い時間働き続け、週末や休暇さえ仕事に奪われるのは21世紀の病である。テクノロジーと多くの企業のグローバルな性質が、頭を休めるのもままならない24時間働く企業風土を広めた。一日の最後につい追加の業務を入れてしまう、あるいは、別の時間帯の地域からかかってきた仕事の電話に出てしまう、といったぐあいに。

在宅勤務などの手段（英国のある調査によれば、79%のマネジャーが受け入れた選択肢）が仕事と人間関係のバランスを取るのに役立つ可能性はある。しかしそれでも、仕事と家庭生活の間に境界線を設けることと、映画を観に行くとか運動をするなどリラックスや気晴らしのための時間が十分にあるようにすることが重要だ。余暇の時間は人生を楽しむためだが、運動は身

仕事と家庭生活

大部分の人と同じようにマネジャーたちもさまざまな要求が課される中で時間をやりくりしなくてはならない。したがって彼らも限られた時間内でやるべきことの優先順位を決めなくてはならない。それが仕事と家庭生活を完全に切り離すことを意味する人もいれば、どちらも均等に行うことを意味する人もいる。一番重要なのは、あなたにとってうまくいくバランスを取ることだ。次に紹介するのは、役に立つかもしれない8つの経験則である。

仕事

就業時間には仕事に専念して、定時に仕事を終えるようにする。

> **集中する時間を作る。** メールのチェックなどによる中断を一日の決まった時間に制限する。

> **ソーシャルメディアで気晴らしをしない。** 仕事を終えてしまうまではオンライン上の個人的興味をすべて無視する。

> **懸案事項のリストを作る。** それをその日の終わりまでに処理する。そうすれば帰宅する時には仕事から解放されてリラックスできる。

> **自分の仕事机を整頓する。** 退社までにこれを習慣として行う。そうすれば翌朝スムーズに仕事を再開できる。

体と心の健康を促進する。友人たちや家族は生きていく上で欠かせない支援のネットワークを提供してくれるので、彼らと過ごす時間を楽しむのも重要だ。

休暇（1週間以上が理想的）は充電に最適だ。「勤務時間外」メッセージが用意されていて、同僚たちが緊急時のみ連絡することを理解している必要がある。ワークライフバランスは日々重要性を増している。超過労働はメンタルヘルスだけでなく、仕事場と人間関係にも悪影響をおよぼすことがある。

82%のマネジャーが柔軟な働き方は会社に有益だと考える

「柔軟な働き方」、リーダーシップ・アンド・マネジメント研究所

仕事と家庭生活のバランス

『フォーブス』誌は、共働きの親の負担軽減のために、次の5つのモノを捨てることを提案する。すなわち、必要な時に援助を求めることをためらうプライド、仕事と家庭の時間は常に均等に分けるべきだという信念、自分の関心事は後回しにすべきだという考え、いつでも子どもを幸せな気分にしてあげたいという欲求、もっといい親になれたのにという罪悪感である。

家庭

人間関係と余暇は人生の重要な側面であり、仕事に忙殺されるべきではない。

› **完璧を求めない。**
余暇活動用の時間を確保するために、必要な仕事には一定の時間枠を割り当てるようにする。

› **プライベートな時間を最大限活用する。**
可能であれば、苦手な家事は外部の人間の助けを借りる。

› **家事を家族で分担する。**
責任感を持つことはためになるので、子どもを参加させる。

› **休息の時間を設ける。**
これは何の予定も入れないで、ただ休息を取るための時間である。

ストレスにうまく対処する

過度のストレスは、業務遂行能力を低下させ、心と身体の健康にも悪い影響をおよぼす。ストレスへの対応を学ぶことはマネジャーにとってとても重要である。

ストレスに気づいて対処する

ストレスは過度のプレッシャーに対する反応で、物事をうまく処理することが難しくなり、なにもかも手に負えないと感じるようになる。短期間、こうした気持ちを抱くことはだれにでもある。だが、長期にわたりプレッシャーにさらされると、ストレスの影響は深刻化する。緊急時にエネルギーを高めるために体内で放出される、アドレナリンをはじめとする、さまざまなホルモンのおかげでなんとか厳しい締め切りを守ったとしても、長期にわたって厳戒態勢を取り続けると、身体にさまざまな悪影響をおよぼす。とりわけ、不安感や不眠、免疫機能の低下をもたらしかねない。

自身のストレスの兆候に気づき、対処することが、マネジャーには重要である。集中力の欠如や、いつにない怒りの爆発など、ストレス起因の行動はチームに悪影響をおよぼす。

強いストレスを引き起こす重大な出来事は人生で幾度か起きる（下記参照）。仕事関連のストレス要因に関しては、多くの国で、雇用者は従業員が安全に働ける場所を提供する法的な責任を負う。上司との間に持ち上がる問題は別として、ストレスから立ち直る力をつけるために多くの戦略を用いることができる（右図参照）。

困難をうまく切り抜ける

家庭と職場のさまざまな問題が心身に不調をきたすほどのストレスを引き起こすことがある。多くの人は「屈すること」を弱さの表れと考え、なにがなんでも頑張ろうとする。これは状況を悪くするだけである。ストレスを引き起こす要因と、どのようなストレスが発生するか、それらが社会的な人間関係にどう影響するかを把握し、感情をコントロールしたり、ストレスに対処したりする方法を身につける必要がある。

家族との約束

自ら現場に足を運んで状況を確かめ、メンバーと雑談することで、チームとの**つながりを保つ**。

事態を客観的にとらえる——たいていの「危機」は破滅的状態に相当しない。

ストレスの度合い

生活上のさまざまな出来事がストレスレベルにどのくらい影響をおよぼすか知っておくことがマネジャーには重要である。研究者のリチャード・レイとトマス・ホームズは、それぞれの出来事に点数を割り当てることでストレスを測る尺度を考案した。表の合計が150点を超える人は病気になる可能性が高い。ストレス度の高い出来事をいくつか挙げる。

出来事	点数
配偶者／パートナーの死	100
離婚	73
夫婦の別居	65
近親者の死	63
病気やケガ	53

> 「**重要なことは**……私たちの**神経系を敵**ではなく**味方**につけることだ」
>
> ウィリアム・ジェイムズ、米国の哲学者・心理学者、1890年

締め切り

何が問題を引き起こしているのか分析することで**コントロールする**。

支援ネットワークを作る——信頼できる同僚に打ち明け、友人や家族と時間を過ごす。

財政難

変えられないことを受け入れ、できることに集中する。

意見の対立

作業負荷

リラックスする時間を取っておく——スケジュールに組み込み、固守する。

定期的に運動をする——緑のある場所で体を動かすのは特に元気回復に役立つ。

緊張を緩めるための呼吸法を実践する——ヨガや太極拳には心を落ち着かせる効果がある。

学習と人材開発

従業員の学びに取り組むことは、キャリア開発を推進するのみならず、より大きな個人的充足感をもたらす。成長する機会は学校教育の期間だけに限定されるのではない。生涯にわたって続けることが重要だ。

成長し続ける

学習とは、知識や技能を習得することであるが、人材開発は、学習で習得したスキルを徐々に使いこなし、知識を実行に移し、日常業務に組み入れていくことである。学習と人材開発のどちらもマネジャーの成長のためには重要である。

この分野で成功する要素の一つが適切な思考態度（マインドセット）を持つことである。2006年に出版された著書『マインドセット』の中で、心理学者のキャロル・ドゥエック教授は「成長思考（グロース・マインドセット）」について語っている。成長思考を身につければ、周囲の環境によって制限されることはなく、いつでも向上し、学習と成長の機会をつかむことは可能だと考えるようになる。

もう一つの要因は仕事を通じた学び（OJT, On-the-Job Training）である。マネジャーは仕事以外の研修（Off-JT, Off-the-Job Training）で学ぶこともできるが、OJT的に仕事で学ぶことができる。たとえば、自分が気づいていないことを指摘してくれるよう直属の上司に働きかけるなど。その上司は能力査定をし、主要なタスクにおけるスキルを評価し、改善すべき分野を正確に示してくれるだろう。これらの発見が、マネジャーが従うことのできる開発プラン（下記参照）の一部となる。プランはスキルや成長、人間関係などの分野に焦点を置いているかもしれないが、組織でマネジャーが担うタスクと適合させる方がよい。変更点があれば直属の上司の支援を得るべきだ。

再評価
周囲の状況が変化し新たな機会が生じた時は、計画に立ち返り、それがまだうまくいくことを確認することが不可欠だ。

「規則に従うことで歩行を学ぶわけではない。**やってみてはつまずく、**を繰り返すことで習得するのだ」
リチャード・ブランソン、2014年

前進と向上

キャリア向上のための開発プランは、目標達成に向けたスケジュールと組み合わせた一連の問いかけから成る。将来のビジョンについての質問から始めた方がよい。将来のビジョンはどういうものか？ それを達成するためにどんな学習が必要とされるか？ あまりに目標までの道が長く見えるとやる気をなくすので、計画はいくつかの段階に細かく分けるべきだ。また正規の学習（フォーマル・ラーニング）と非公式の学習（インフォーマル・ラーニング）を組み合わせるべきである。

80%以上の上級専門職が、管理職向けの教育／リーダーシップ育成は自分たちのスキルを向上させたと考える

ヴァンダイク・シルヴェリア、FT／IEコーポレート・ラーニング・アライアンス社元CEO、2017年

非公式の学習
物事がどのように機能しているか注視し、他の人を観察することによって学ぶ、継続して進行するプロセスである。

飛躍する
新しい学習法を試してみる、新しいスキルを開発する、好奇心が強い、これらはみな進取の気性に富んだものの見方（マインドセット）を作り出すことに貢献する。

公式の学習
これは教室ベースかオンラインで行われる系統立った学習である。通常は教育機関によって提供され、資格につながる。

インフォーマル・ラーニング

仕事、特に困難なプロジェクトについて非公式に学ぶのは、マネジャーがもっとも経験を積む機会である。

> **失敗は豊かな学習経験をもたらし**、どうしたらもっとうまく事態に対処できるか反省するのに役立つ。

> **思いきってやってみる**ことで安全地帯から出ていく。困難を受け入れ、なにか新しいことを始めることで経験は増し、知識やスキルを広げるのに役立つ。

> **フィードバックを求め**、それを受け入れることで、自分の行動が他の人にどう映っているか、どうしたら改善できるかが明らかになる。

学習スタイル

従業員の研修は「だれにでも合う」画一的な内容であってはならない。自分とメンバーの両方に最適な学習スタイルがどのようなものか理解しているマネジャーは、もっとも効果的な研修形式を選び出すことができる。

学習のゴールへ至る道

　1970年代以降、人々が好むさまざまな学習方法について研究が進められてきた。それらの研究成果は、マネジャーが個々の従業員に最適な学習スタイルを見極めて、適切な研修コースと組み合わせるのに役立てられる。

　学習スタイルについては3つの有名な理論・モデルがある。人々がどのように知識を吸収するかを探求したウォルター・バルブのVAKモデル（1979年）、学習スタイルを性格のタイプと結びつけたフェルダー・シルバーマン・モデル（1988年）、そして、個人の学習方法におよぼす影響について焦点をあてたダン＆ダン・モデル（1978年、右頁の右下コラム参照）である。その他、デイヴィッド・コルブの4段階の学習サイクルを4つの性格タイプと結びつけたハニー＆マムフォードのモデルも有名である。それぞれの性格タイプは4つの学習段階の一つにもっとも適している（右図参照）。

　これらのモデルに基づいたさまざまな質問票を使えば、従業員の好みの学習スタイルを見つけるのに役立つ。テクノロジーの進歩のおかげで現在は多種多様な形式の講座が提供されており、それぞれの学習スタイルに合う研修コースを見つけることが可能になっている。学習スタイルに優劣はないが、時にはいつものやり方をやめて、新しい方法で学ぶことも有益かもしれない。

「**学習**とは、**経験を変換すること**によって**知識を創り出す**プロセスである」

デイヴィッド・A・コルブ、米国の教育学者、1971年

経験する

活動派
いろいろなことを試してみて、新たな経験に没頭するのが好き。しかし性急に行動して余計なリスクを負うこともあるかもしれない。

応用と検証

実務派
学習したことを現実の世界に適用するのが好き。理論はあまり好まず、いろいろなことに取り組んで実際に試してみたい。

いろいろ試す

学習サイクル

1984年、教育理論家のデイヴィッド・コルブが4段階の学習サイクルの考えを提唱した。ここではそれを学習の車輪の外枠に書き表した（右図）。最初の段階はあることを経験する、次にその経験について思考ないし内省する、その後考えをまとめ、最後に実際に試してみる。1986年にピーター・ハニーとアラン・マムフォードがコルブの理論を補足し、学習サイクルの特定の段階で最高の力を発揮する4つの性格タイプを明らかにした。活動派は実際に参加する経験を好み、内省派は物事を突き詰めて考えるのを楽しみ、理論派は考えをまとめ、実務派は知識を応用する。

VAKモデル

米国のウォルター・バルブはVAKモデルで3種類の学習スタイルを示した。ほとんどの人はそのうちの一つを好むが、3つとも用いることも多い。

> **視覚**：情報を見たり書き留めることで学ぶ
> **聴覚**：聴くことで学ぶ
> **運動感覚**：積極的に実践することで学ぶ

フェルダー・シルバーマン・モデル

工学教授のリチャード・フェルダーと心理学者のリンダ・シルバーマンは学習スタイルを性格型と結びつけることでVAKモデルを拡大した。

> **理性的**：具体的な意見や事実を好む
> **直観的**：コンセプトやアイデアを好む
> **言語的**：書かれたり話された情報を好む
> **視覚的**：図形や絵、表を好む
> **活動的**：いろいろなことを試してみるのが好き
> **内省的**：たいていは一人で、物事をじっくり考えるのが好き
> **順次的**：少しずつ順序に従ったやり方を好む
> **全体的**：大きな進歩と全体的な考えを好む

学習環境

1970年代、米国のリタ・ダン教授とケネス・ダン教授は、過去80年間の学習スタイルの研究を詳しく調べた。そして学習スタイルを、学習者の学習嗜好を決定する5つの要素に分類し、個々の生徒に最適な学習環境の特定に役立てようとした。これは大人にも適用できる。

> **環境的**：騒音や照明、湿度が学習者にどのような影響をおよぼすか
> **感情的**：学習者は秩序や指図、やる気を出すための支援を必要とするか
> **社会的**：一人で学習するのを好むか、チームで学習するのを好むか
> **身体的**：一日のどの時間帯に学ぶのが一番はかどるか
> **心理的**：行動は、包括的か分析的か、また、思考的か衝動的か

実地体験

見直す

熟考派

観察し、情報を集め、起きたことについてよく考える。注意深く几帳面な傾向があり、行動する前に時間をかけて考える。

学習発達サイクル

デイヴィッド・コルブの説によれば、効果的な学習サイクルは、この車輪の外枠に表示してあるように4段階ある。ピーター・ハニーとアラン・マムフォードは、各段階が4つの異なる性格タイプの一つに適することを示した。

観察と内省

理論派

事実と明確なコンセプトで取り組むこと、質問して情報を分析すること、論理モデルを作り出すことを好む。組織化されていない自由な職場環境にはあまり向かない。

一般化と抽象化

結論を導く

常に警戒を怠らない

マネジャーは、新規の事業やプロジェクトを始める時は楽観的であるべきだが、適度に用心し、陥る可能性のある落とし穴への警戒を続けることで成功の可能性は高くなるだろう。

バランスを取る

新規の事業が成功するには、マネジャーが自分のスタッフやシステム、プロセス、技術を信じる必要がある。しかし盲目的に信頼するのは危険な場合もある。たとえば、マネジャーが特定の

人物やアイデアを過信すれば、危険を伝えるシグナルは見落とされるだろう。したがって、すべてが計画どおりにうまくいくと信じること、そして常に再確認すること、この2つの間でバランスを取る必要がある。常に再確認するのはひ

どく時間がかかる。また従業員のやる気をそぎ、自分たちは信頼されていないと思うだろう。競争の激しい組織において不信感や疑いの念は珍しくないが、積もり積もれば猜疑心（パラノイア）となる。そうした感情が消えずにくすぶ

将来を見据える

インテルの創始者アンディ・グローヴはベストセラーとなった著書『パラノイアだけが生き残る』（1996年刊）で、成功に関しての自身の考えを述べた。その中で彼は、成功は自己満足の原因となり、自己満足は失敗をもたらす、と読者をいましめた。そしてある程度不安があるのは、特定のビジネス状況においては有用な手段になりえると説いた。彼の考えによれば、最高のマネジャーとは、常に次の脅威を観察している者で、これにはある種のパラノイア的気質を必要とする。グローヴは、変革が避けがたくなる時点を表すために「戦略的転換点」という用語を作り出し、会社が繁栄するか倒産するかは戦略的転換点への対処法次第だとした。

戦略的転換点

成長期

2. ターニングポイント

新規事業がどんなに成功していても、マネジャーは経営環境のいかなる変化にも気を配っていなければならない。不穏な兆候に早く気づけば、それだけ早く対処できる。こうした転換点はビジネスの進め方に変化をもたらす必要がある。

1. 打ち上げ

組織が新しい製品やサービスを市場に出す。経営環境が順調であれば、その新規事業は最初からうまくいくかもしれない。

り続ければ、職場の人間関係と仕事の両方がうまくいかなくなり、管理者とスタッフの間の活力に満ちた関係がそこなわれる可能性がある。

一番よいやり方は、事態が悪くなっていると推測するのではなく、危険な兆候として警戒を怠らず、将来起こりうる問題に備えておくことだ。とりわけ重要なことに、外部の脅威——特にライバル組織が経営環境にもたらす脅威——に注意する必要がある（下記参照）。

3-a. 成功

新しいアイデアが新規事業をさらなる成長期へと導くかもしれない。とはいえ、マネジャーは安穏としているべきではない。将来はもっと大きな転換点があるだろう。

さらなる成長

衰退

> 「**準備を怠る**ことによって、**失敗する準備**をしているのだ」
>
> ベンジャミン・フランクリン、「建国の父」〔合衆国憲法制定者〕の一人

事例研究

インテルの方針転換
1968年創業の米国のハイテク企業インテルは、当初コンピュータのメモリチップを製造していた。しかしアンディ・グローヴの指導下にあった1970年代、戦略上の転換点に直面した。この時、日本のメーカーがメモリチップの市場を支配するようになったのだ。インテルは方針を変え、かわりにマイクロプロセッサを製造し始めた——会社が倒産するのを防ぎ、成功への道筋をリセットした決断であった。

3-b. 失敗

組織が変革に失敗すれば、新規事業はうまくいかなくなる。新しい環境に適応してきたライバル組織には太刀打ちできないだろう。

アカウンタビリティ（説明責任）

マネジャーは説明する義務がある。自分がなすことに対して説明する責任
があり、活動範囲に責任を持ち、起きたことの結果の責めを負うことを意
味する。このことは成果を挙げるために欠かせない。

負担を引き受ける

アカウンタビリティとレスポンシビリティは混同されることがあるが、2つの語には微妙な違いがある。たとえば、夜、職場を最後に出る人間は、安全のためオフィスの入り口を施錠する責任（レスポンシビリティ）がある。

しかしオフィスが強盗に押し入られ、備品が盗まれた場合、責任（アカウンタビリティ）はマネジャーにある。何が起きたか調査し、上司に状況を説明し、二度と起きないよう再発防止に努めるのはマネジャーである。

したがって、マネジャーは自身の行動だけでなく、自分が管理する部下に対しても責任を負う。しかしこれはなにも、悪いことが起きたらすべてマネジャーが身代わりになって責任を負うのが当然だという意味ではない。たとえば、締め切りに間に合わなければ、マネジャーはそのことについて先方に

チーム・アカウンタビリティ

マネジャーは自身の活動や判断、事業計画のあらゆる運命に責任を持たねばならない。しかし成功をおさめるためには従業員にアカウンタビリティを教え込む必要もある。ちょうどマネジャーが、チームの活動を上司に申し開きする義務があるように、チームの人間は自分のマネジャーに説明する義務がある。つまり、組織のだれもが事業計画で役割を担い、その結果に責任を感じるということだ。

指導権を握る
マネジャーは起きていることすべてを概観し、各メンバーが責任を受け入れるようにするべきだ。とりわけ重要なのが、メンバーがチームのために責任を持つことをマネジャーが認めることだ。

チームを管理する
仕事をするだけでは十分ではない。他の人々を支え、失敗の責めを負わせないことが円滑なチームワークのために重要だ。

説明する責任を負うが、さらに、誰が間違いを犯したのかを調べて、適宜個別に話し合う必要がある。部下にも役割の責任を担わせなくてはならない。正しく説明のできる従業員は業績を上げ、ポジティブでエシカルな文化を維持するのに役立つ。アカウンタビリティがなければ、人は責任のなすり合いをしがちであるため、何も解決されないし改善もされない。

責任を負うことを学ぶ

責任を負うということは、多くの場合、次のようなことを意味するため、勇気を必要とする。

> 業績について**言いにくい話**を従業員とする
> **各従業員**が自身の責任（レスポンシビリティ）を理解するようにする
> チームの大義のために**困難な決断を下す**

> 相矛盾する物証があっても**判断力を発揮する**
> 何が起きているか、状況を**包み隠さず報告する**
> 正しいことのために**自身の利益を犠牲にする**
> 自分自身の行動を**ありのままに表す**

責任（レスポンシビリティ）を引き受ける

チームの各メンバーが役割を担い、できるかぎり自分の責務（レスポンシビリティ）を遂行できるようにする。

「一人ひとりが
責任を持つことで
もたらされる利点や可能性は
無数にある」

ジェイ・フィセット、『あなたの責任を見直す』、2006年

適切な文化を作り出す

あなたのチームにアカウンタビリティを促すということは、何よりもまず、あなたが責務を最後まで果たしており、他の人はあなたのすることに依存していることをあなた自身認めるということだ。さらにチームのメンバーが自分の責任（レスポンシビリティ）をしっかりと意識するよう、彼らをあなたの決定に関与させることでもある。自らアカウンタビリティの手本を示すことで、チームの人々に、後に続くよう促すことができる。

新たな習慣を身につける

きわめて優秀なマネジャーは、自分のチームを見守るだけでなく、自身の行動を分析し、それが他の人におよぼす影響を十分意識する。

自己分析

多忙でストレスのかかることの多い職場では、自身のふるまいが他の人にどのような影響を与えるかをよく考えるために時間を割くことがマネジャーには不可欠だ。自己分析は自信のなさの表れではなく、自己啓発の重要な一部で、自己分析なしにマネジャーが成功する見込みはまずない。

マネジメントではすべての事実が明らかになっていない状況で判断を下さなければならないこともある。マネジャーが的確な判断を下すためには、自身の価値観と信念を理解し、自身の先入観（バイアス）が特定の状況を見る方法にどう影響をおよぼしているか認識しておかなければならない。また、他の人は物事を自分とは違った見方で認識している可能性があると理解しておく必

要もある。最後に、何をなすべきか、またよい結果がどのようなものか、わかっていなければならない。マネジャーはこれらのことをすべて考慮に入れつつ、何がもっとも効果的な行動指針である可能性が高いか決めなければならない。

習慣的行動

自己認識はよい出発点だが、変化が起ころうとしているなら、結果的に新しい習慣を受け入れることが必要だ。習慣とは、意識的にせよ無意識的にせよ、定期的に繰り返される決まった行動である。習慣というと、毎朝のウォーキングのように具体的な行動を思い浮かべがちだが、考える習慣はだれもが持っている。それがどんなものかよく考え、新たな前向きの思考パターンを身につけることが成功には不可欠である。

7つの習慣

1989年、米国の実業家スティーヴン・コヴィーはベストセラーとなる本『七つの習慣』を著し、より的確な判断を下し、よりよい人間関係を構築するよう、多くの人々を鼓舞した。人生をよりよくするために身につけるべき7つの習慣をコヴィーは特定した。最初の3つの習慣は依存状態から自立へと移行することに焦点を置き、次の3つは協力に関係することである。最後の習慣は絶え間ない成長と更新にかかわる。7つの習慣は一般の人を対象としているが、マネジメントの場に適用するのは簡単だ。

先のことを見越す

1

先手を打つ

先を見越す（プロアクティブな）マネジャーは、自分がどうにかできるとわかっている事柄に対しては責任を引き受け、自ら率先して問題を解決する。

お互いの利益になることを考える

4

他人を尊重する

最高のマネジャーは「お互いの利益になること（ウィンーウィン）」を考える。つまり相手の立場を理解し、自分たちだけでなく、だれにとっても最善の方法で問題を解決する。

将来に目を向ける

成功するマネジャーは何を達成したいかわかっており、最終目的を心に留めておく。こうすることで目的に達するのに必要な手段を理解できる。

優先順位をつける

果たすべき仕事に優先順位をつける時、有能なマネジャーはどの仕事が一番緊急度が高いかだけでなく、どの仕事がもっとも重要かも考慮する。

> 「**判事**ではなく、**光**であれ。**批評家**ではなく、**手本**であれ。**問題**ではなく、**解決**の一部であれ」
>
> スティーヴン・コヴィー、『七つの習慣』、1989年

問題を理解する

相手の感情を理解する能力が高いマネジャーは、急いで解決するよりは、相手の目を通して問題をとらえようとする。

他人の意見を尊重する

建設的なマネジャーはさまざまな意見を認めることで彼らの能力を増強し、欠点を補い、独創的なアイデアの価値を高めることができる。

成長し続ける

有能なマネジャーは感覚を鋭敏に保ち、多くの利益を生み続けるために自己変革と成長の習慣を維持する。

索引

謝辞

ドーリング・キンダスレー社は以下の方々に感謝いたします。
ライティング協力：Matthew Williams
編集：Alethea Doran, Jemima Dunne
校正：Janashree Singha, Steve Stetford, Debra Wolter
索引作成：Vanessa Bird

出典

p.30–31 IT management '*How much data do we create every day?*' Marr. B;. Forbes, 2018;

p.100 Consequence model *The Decison Book*, Krogus & T Tschappeler, 2008 (b).

p.122–123 MBO model *The Practice of Management*, Drucker, P., 1954; BSC theory "The Balanced Scorecard", Kaplan and Norton, 1992.

p.146 FSNP model "Developmental Sequence in Small Groups", Bruce Tuckman, *Psychological Bulletin*, 1965.

p.196 The Johari Window *The Johari Window*, Luft and Ingram, 1995.

p.208–209 VAK model *Teaching through modality strengths: concepts practices*, Walter, B., 1979; Felder-Silverman model *Learning and teaching styles in engineering education*, Felder and Silverman, 1988; Dunn and Dunn model *Teaching students through their individual learning styles*, Dunn, R. and Dunn K., 1978; Four-stage learning *Experiential Learning: Experience as the source of learning and development*, Kolb, D.A., 1984.

p.210–211 Strategic inflection point graph *Only the Paranoid Survive*, Grove, A., 1996